Heinz-Lothar Worm

Texte verstehen

Schritt für Schritt Klasse 5 - 7

Sachtexte – Gebrauchstexte – diskontinuierliche Texte

Auer

Die Herausgeber:

Marco Bettner – Rektor als Ausbildungsleiter, Haupt- und Realschullehrer, Referent in der Lehrerfort- und Lehrerweiterbildung, zahlreiche Veröffentlichungen als Autor und Herausgeber

Dr. Erik Dinges – Rektor an einer Schule für Lernhilfe, Referent in der Lehrerfort- und Lehrerweiterbildung, zahlreiche Veröffentlichungen als Autor und Herausgeber

Der Autor:

Dr. Heinz-Lothar Worm – Grund-, Haupt- und Sonderschullehrer, Dozent an diversen Universitäten, zahlreiche Veröffentlichungen

Quellennachweis:

Mädchen überholen die Jungs im Komasaufen
ZEIT ONLINE, 29. Januar 2009
http://www.zeit.de/online/2009/06/tsp-komasaufen-maedchen

Erziehung ist (k)ein Kinderspiel: Wenn Kinder stehlen
© Maria Neuberger-Schmidt
http://www.info-graz.at/eltern-familie/news/3193_erziehung-ist-kein-kinderspiel-wenn-kinder-stehlen/

Struktur der Diebstahlskriminalität
Polizeiliche Kriminalstatistik 2014 [PKS Bundeskriminalamt, 2014]
http://www.bmi.bund.de/SharedDocs/Downloads/DE/Broschueren/2015/pks-2014.pdf;jsessionid=92D2923B9F61A065FBB166293F10A502.2_cid287?__blob=publicationFile, S. 16 [zuletzt aufgerufen: 29.02.2016]

Busfahrplan Gießen – Wetzlar
Stadt Wetzlar – Lokale Nahverkehrsorganisation

Fahrplan Deutsche Bahn
DB Vertrieb GmbH, Stand: Februar 2016

Gedruckt auf umweltbewusst gefertigtem, chlorfrei gebleichtem
und alterungsbeständigem Papier.

3. Auflage 2016
Nach den seit 2006 amtlich gültigen Regelungen der Rechtschreibung

Illustrationen: Barbara Schumann
Satz: Fotosatz H. Buck, Kumhausen
Druck und Bindung: Druckerei Joh. Walch, Augsburg
ISBN 978-3-403-**06419**-0

www.auer-verlag.de

Inhaltsverzeichnis

Vorwort

Das Lesen und die zugehörige Sinnentnahme des Gelesenen dürfen als unabdingbare Kompetenzen angesehen werden, ohne die das Bestreiten des täglichen Lebens und die Partizipation am kulturellen Geschehen eigentlich nicht möglich sind. Eine allgemein gültige Definition des Begriffs „Lesen" sucht man in der Fachliteratur jedoch vergeblich. Das Lesen wird entweder eher als Äußerung sprachlichen Handelns oder eher als Zusammenspiel visueller, auditiver und motorischer Fähigkeiten verstanden.
Ungeachtet dessen ist die Fähigkeit, lesen zu können, eine der Grundvoraussetzungen für die Entwicklung des kindlichen intellektuellen Potenzials. Denn das Lesen fördert und trainiert Fähigkeiten, die sowohl allgemein „das Denken hervorrufen" als auch durch das Eintauchen in einen Text die imago-kreativen und emotionalen Anlagen wecken und entstehen lassen. Hier zeigt sich die schöpferische Kraft des Lesens in deutlicher Weise – es steht dem passiven Konsum des Fernsehens konträr gegenüber.
Die Erfassung des Sinns eines Lesetextes ist unbestritten die oberste Stufe der Lesefähigkeit. Flüssiges Vorlesen eines Textes darf nicht mit automatischer Sinnentnahme verwechselt werden. Immer wieder kann bei Schülern[1] beobachtet werden, dass sie einen vorgelegten Text zwar gut reproduzieren können, dabei aber vom Sinn des Gelesenen nichts oder fast nichts verstanden haben. Lautes Vorlesen eines Textes ist deshalb selbst bei gutem, fehlerlosem Vortrag für die Lehrenden keine Garantie für gelungene Sinnentnahme.
Die vorliegenden Unterrichtsmaterialien möchten genau hier ansetzen: Sie fordern und fördern sinnentnehmendes Lesen und verlangen von den Schülern, Informationen aus verschiedenen Texten zueinander in Beziehung zu setzen.
Miteinbezogen wurden auch sogenannte diskontinuierliche Texte, wozu beispielsweise Pflegeanleitungen, Fahrpläne u. Ä. gehören. Sinnentnehmendes Lernen solcher diskontinuierlicher Textformen ist für jeden Schüler für die Bewältigung des alltäglichen Lebens ebenso wie für das spätere Berufsleben essentiell. Deshalb wird der Umgang mit diesen Textformen nun verstärkt in der Schule geübt. In einigen Bundesländern ist das Verständnis sowohl kontinuierlicher als auch diskontinuierlicher Texte Teil des Lehrplans und auch der Abschlussprüfungen, für deren Vorbereitung sich die vorgestellten Materialien bestens eignen.
In den einzelnen Kapiteln des vorliegenden Buches gibt es zu jedem Thema einen informativen Text, dem jeweils ein Gebrauchstext folgt. Die Schüler haben die Aufgabe, beide Texte aufmerksam zu lesen und die anschließenden Fragen richtig zu beantworten. Die Fragen unterstützen die Schüler gezielt, die wichtigsten Informationen zu erkennen und damit den Sinn des Textes zu verstehen. Sie sind so konzipiert, dass die Schüler Schritt für Schritt an ein besseres Textverständnis herangeführt werden.
Auf das gelenkte Sammeln von Informationen folgt die Überprüfung des (passiven) Wortschatzes bei weniger gebräuchlichen Wörtern bzw. Redewendungen. Daran schließt das allgemeine Überprüfen des Textverständnisses an. In einem weiteren Schritt, der Anwendung, die wie die vorhergehenden Schritte Auswahlantworten anbietet, wird das aus beiden Texten gewonnene Informationsmaterial behutsam zusammengeführt.
Durch diese langsame Annäherung an die Textinhalte werden die Aufgaben vorbereitet, die von den Schülern eine eigene schriftliche Textproduktion fordern. Die Schüler sollen hierbei Fragen zum bearbeiteten Problemkomplex beantworten, selbstständige Lösungsansätze erarbeiten und diese schriftlich darlegen. Ziel ist hierbei mitunter das Herausbilden einer eigenen Meinung, die ebenfalls schriftlich formuliert werden soll.
Inhaltlich wurden Themen aus den Lebensbereichen der Heranwachsenden ausgewählt, die auch Problemhaltiges nicht ausschließen. Dabei wird das Rauchen ebenso thematisiert wie das Schuleschwänzen. Besonders schwierig dürfte das Thema Magersucht sein, das in jedem Falle, besonders aber, wenn in der Lerngruppe sich Betroffene befinden könnten, vertiefend im Unterricht behandelt werden sollte.

1 Aufgrund der besseren Lesbarkeit ist in diesem Buch mit Schüler auch Schülerin gemeint, ebenso verhält es sich mit Lehrer und Lehrerin etc.

Thema 1: Waschen – nur was für Haushaltsprofis?

Julia: Julia Wagner hier.

Eric: Ich bin's, Eric. Du, ich kann wahrscheinlich nicht …

Julia: Was ist denn los? Ist was passiert?

Eric: Ich traue mich fast nicht, darüber zu sprechen, so peinlich ist es mir.

Julia: Sag schon.

Eric: Es ist was mit der Hose.

Julia: Mit welcher Hose?

Eric: Na mit der, die so aussieht wie eine Jeans, die ich vorletzte Woche mit dir gekauft habe und die ich unbedingt heute anziehen wollte.

Julia: Die tolle Hose mit den coolen Aufnähern?

Eric: Genau die!

Julia: Was ist denn damit?

Eric: Die ist hin.

Julia: Kaputt? Wie ist das denn passiert?

Eric: Weil ich sie gewaschen habe.

Julia: Und? Darf man eine Hose nicht waschen?

Eric: Das weiß ich eben nicht. Vielleicht habe ich was falsch gemacht.

Julia: Aber in jeder Hose gibt es doch so einen kleinen weißen Streifen mit der Pflegeanleitung.

Eric: Ja? Keine Ahnung!

Julia: Schau doch mal nach. Meistens ist er innen auf der Rückseite oder innen rechts.

Eric: Meinst du diese eingenähten kleinen weißen Zettel, die immer so pieken?

Julia: Genau die. Da steht drauf, wie man die Hose pflegen muss.

Eric: Aber den Zettel habe ich gleich rausgeschnitten, weil er mich gestört hat.

Julia: Mist! Dann kannst du ja nicht mehr nachsehen, wie du sie waschen musst.

Eric: Hab ich auch nicht.

Julia: Na toll! Und wie hast du die Hose jetzt gewaschen?

Eric: Ich habe sie in die Waschmaschine gesteckt und 95 Grad eingestellt.

Julia: 95 Grad? Da hast du sie ja fast gekocht! Da verliert sie doch die Farbe und läuft ganz doll ein!

Eric: Deswegen rufe ich ja an. Sie ist blass, knitterig und nur noch halb so groß wie vorher.

Julia: Eric, sei mir nicht böse, aber du bist echt bescheuert!

Eric: Warte mal, … den Zettel, den ich aus der Hose geschnitten habe, … den habe ich in den Papierkorb geworfen. Der müsste da noch drin sein.

Julia: Dann schau mal nach.

Eric: Du, ich hab ihn. Super!

Julia: Und was sind da für Zeichen drauf?

Eric: Zuerst ist da eine Schüssel mit Wellen oben drauf. Die ist durchgestrichen. Mit einem X.

Julia: Das heißt, dass du die Hose überhaupt nicht waschen darfst.

Eric: Verdammt! Und dann ein Dreieck mit einem X.

Julia: Das heißt, dass man das Wäschestück nicht mit Chlor bleichen darf.

Eric: Habe ich auch nicht getan.

Julia: Zum Glück! Ist noch mehr auf dem Zettel?

Eric: Ja, ein Bügeleisen mit einem Punkt.

Julia: Also nicht heiß bügeln. Und was noch?

Eric: Ein Kreis mit einem P drin.

Julia: Das Zeichen heißt, dass man die Hose nur chemisch reinigen lassen darf.

Eric: Schön, aber dafür ist es wohl jetzt zu spät.

Symbole für die Pflegebehandlung von Textilien

WASCHEN (Waschbottich)	95°	95°	60°	60°	40°	40°	40°	30°		
	Normalwaschgang	Schonwaschgang	Normalwaschgang	Schonwaschgang	Normalwaschgang	Schonwaschgang	Spezial-Schonwaschgang	Schonwaschgang	Handwäsche	nicht waschen
	Die **Zahlen** im Waschbottich entsprechen den **maximalen Waschtemperaturen**, die nicht überschritten werden dürfen. – Der **Balken** unterhalb des Waschbottichs verlangt nach einer (mechanisch) **milderen Behandlung** (zum Beispiel Schongang). Er kennzeichnet Waschzyklen, die sich zum Beispiel für pflegeleichte und mechanisch empfindliche Artikel eignen.									

CHLOREN (Dreieck)	Cl	
	Chlorbleiche möglich,	Chlorbleiche nicht möglich

BÜGELN (Bügeleisen)				
	heiß bügeln	mäßig heiß bügeln	nicht heiß bügeln	nicht bügeln
	Die Punkte kennzeichnen die Temperaturbereiche der Bügeleisen.			

CHEMISCH REINIGUNG (Reinigungstrommel)	A	P	P	F	F	
						keine chemische Reinigung möglich
	Die **Buchstaben** sind für den Chemischreiniger bestimmt. Sie geben einen Hinweis auf die in Frage kommenden **Lösemittel**. Der **Balken** unterhalb des Kreises verlangt bei der Reinigung nach einer **Beschränkung** der mechanischen Beanspruchung, der Feuchtigkeitszugabe und der Temperatur.					

TUMBLER-TROCKNUNG (Trockentrommel)			
	Trocknen mit normaler thermischer Belastung	Trocknen mit reduzierter thermischer Belastung	Trocknen im Tumbler nicht möglich
	Die Punkte kennzeichnen die Trocknungsstufe der Tumbler (Wäschetrockner).		

Symbole, die man kennen sollte

Waschen.
Dieses Symbol sagt aus, ob eine Nasswäsche möglich ist und gilt sowohl für Hand- als auch für Maschinenwäsche.

Handwäsche.
Nur Handwäsche, nicht in einer Haushaltswaschmaschine waschen, Wassertemperatur 30° C bis max. 40° C je nach Artikel. Feinwaschmittel zuerst im Wasser gut auflösen. Dann die Textilstücke in der Lauge und beim Spülen gut durchdrücken. Nicht reiben, nicht zerren, nicht auswringen. Farbige und empfindliche Wäschestücke rasch behandeln und nicht in nassem Zustand liegen lassen.

30°
30° Feinwäsche.
Feinwäsche beispielsweise aus Viskose, Polyacryl und Polyester. Waschmenge reduzieren. Trommel nur bis zur Hälfte füllen. Entsprechendes Waschprogramm einstellen. Bei Knittergefahr nicht oder nur kurz anschleudern.

Nicht waschen.
Die so gekennzeichneten Artikel dürfen nicht gewaschen werden. Sie sind im Allgemeinen auch gegen Nassbehandlungen empfindlich.

Chlorbleiche nicht möglich.
Nicht bleichen/chloren mit Bleichwasser oder konzentriertem Bleichmittel, auch keine wie Javelle-Wasser wirkenden Fleckenputzmittel (erkennbar am Chlorgeruch) verwenden. Dem Fachmann übergeben.

Nicht heiß bügeln.
Wie Stufe „Wolle/Seide/Polyester/Viskose". Dampfbügeleisen kann verwendet werden. Starkes Pressen vermeiden. Nicht verziehen.

P
Perchlorethylen, Kohlenwasserstoffe (Schwerbenzine).
Reinigungsverfahren für empfindliche Textilien. Handelsübliche Fleckentfernungsmittel auf Lösemittelbasis können mit Einschränkungen verwendet werden.

Nicht im Tumbler.
Nicht im Tumbler – Wäschetrockner – trocknen.

Abkürzungen der wichtigsten Materialien:

PES	= Polyester	**PA**	= Polyamid	**SE**	= Seide
PAN	= Polyacryl	**CO**	= Baumwolle	**CV**	= Viskose
LI	= Leinen	**CMC**	= Modal		

Infos sammeln

Kreuze die richtige Antwort an.

1. Warum ruft Eric seine Freundin Julia an?
   - ☐ a) Er will das für den Nachmittag geplante Treffen absagen.
   - ☐ b) Er will ihr mitteilen, dass er seine Hose gewaschen hat.
   - ☐ c) Er will Julia bitten, mit ihm eine neue Jeans kaufen zu gehen.

2. Was hat Eric mit seiner neuen Hose angestellt?
   - ☐ a) Er hat sie bei einem Sturz vom Fahrrad zerrissen.
   - ☐ b) Er hat sie chemisch reinigen lassen.
   - ☐ c) Er hat sie in der Waschmaschine bei 95 Grad gewaschen.

3. Was ist mit der eingenähten Pflegeanleitung geschehen?
   - ☐ a) Eric hat sie gleich herausgeschnitten.
   - ☐ b) In Erics Hose war keine Pflegeanleitung eingenäht.
   - ☐ c) Eric hat die Pflegeanleitung nach dem Waschen weggeworfen.

Wortschatz

Kreuze die richtige Antwort an.

1. Was bedeutet „einlaufen"?
   - ☐ a) Beim Waschen lösen sich die Textilfasern eines Wäschestückes auf.
   - ☐ b) Die Farben eines Wäschestückes verblassen beim Waschen.
   - ☐ c) Ein Wäschestück wird beim Waschen kleiner.

2. Was ist eine Pflegeanleitung?
   - ☐ a) Eine Pflegeanleitung ist eine Information, wie ein Wäschestück behandelt und gesäubert werden soll.
   - ☐ b) Eine Pflegeanleitung ist die Leiterin eines Pflegeheims.
   - ☐ c) Eine Pflegeanleitung ist eine Verkäuferin von Körperpflegemitteln.

3. Was ist Chlor?
   - ☐ a) Chlor ist ein Waschmittel, das man jeder Wäsche beim Waschen zusetzen sollte.
   - ☐ b) Chlor ist eine chemische Substanz, die man beim Backen von Brot dem Teig zusetzt, damit dieser im Ofen schön aufgeht.
   - ☐ c) Chlor ist ein Mittel zum Bleichen von Wäsche.

Verständnis

Kreuze die richtigen Antworten an.

1. Was ist beim Waschen bei 95 Grad mit Erics Hose geschehen?
   - ☐ a) Die kleine weiße Pflegeanleitung ist unleserlich geworden.
   - ☐ b) Die Hose hat an Farbe verloren und ist knitterig geworden.
   - ☐ c) Die Hose ist auf die halbe Größe geschrumpft.

2. Warum hat Eric die Pflegeanleitung aus der Hose herausgeschnitten?
   - ☐ a) Er hielt diesen Zettel für unwichtig.
   - ☐ b) Er kann solchen Schnickschnack in der Kleidung nicht leiden.
   - ☐ c) Die Pflegeanleitung hat ihn gestört, weil sie ihn piekte.

3. Warum konnte Julia doch noch wissen, wie Erics Hose gesäubert werden muss?
   - ☐ a) Eric hatte die Zeichen, die auf der Pflegeanleitung standen, noch im Kopf.
   - ☐ b) Die Pflegeanleitung lag in Erics Papierkorb.
   - ☐ c) Julia kennt sich mit dem Säubern von Textilien aus.

Anwenden

Kreuze die richtigen Antworten an.

1. Was bedeutet das Zeichen mit der durchkreuzten Waschschüssel?
   - ☐ a) Eric hätte besonderes Waschpulver verwenden müssen.
   - ☐ b) Eric hätte die Hose auf keinen Fall waschen dürfen.
   - ☐ c) Diese Hose darf nur mit der Hand, niemals aber in einer Waschmaschine gewaschen werden.

2. Was besagt das Zeichen mit dem Kreis und einem P darin?
   - ☐ a) Alle so gekennzeichneten Kleidungsstücke dürfen nur chemisch gereinigt werden.
   - ☐ b) Waschen ist nur bis 30 Grad erlaubt.
   - ☐ c) So gekennzeichnete Wäschestücke dürfen nicht gebügelt werden.

3. Warum besteht die Pflegeanleitung für Wäschestücke aus kleinen Zeichen und nicht aus kurzen schriftlichen Anweisungen?
   - ☐ a) Die Zeichen sind überall auf der Welt gleich und darum überall verständlich.
   - ☐ b) Kurze Zeichen sind schöner als lange Wörter.
   - ☐ c) Die Zeichen sind auch für Brillenträger gut lesbar.

Problemstellung

Beschreibe, wie eine Hose mit folgender Waschanleitung gepflegt werden muss.

____

____

____

____

Vorschläge

Welche Folge hat der Kauf von mehreren Hosen, die nur chemisch gesäubert werden können?

____

____

____

____

____

____

____

Eigene Meinung

Warum ist es sinnvoll, beim Kauf einer Hose auf die Waschanleitung zu achten?

Thema 2: Schwarzfahren – ein Kavaliersdelikt?

Mit ihrem großen und ziemlich schweren Cello auf dem Rücken will die 12-jährige Jasmin in Rostock in den Zug steigen. Sie kommt aus der Musikschule und will nach Hause, nach Bad Doberan, fahren. Auf dem Bahnsteig neben ihr wartet ein Mann mittleren Alters, der offensichtlich gehbehindert ist.
„Der kriegt Schwierigkeiten beim Einsteigen", denkt Jasmin, als der Zug einfährt. Sie öffnet die Waggontür.
„Warten Sie", sagt sie zu dem Mann, „ich bringe nur schnell mein Cello in den Wagen, dann helfe ich Ihnen."
„Du bist aber nett", meint der Mann. „Für Schwerbehinderte wie mich sind die Stufen in den Waggon hinauf nicht ganz einfach zu bewältigen."
Jasmin stellt das Instrument im Wagen oben ab, springt wieder hinunter auf den Bahnsteig, nimmt die Aktentasche des Mannes und stellt sie neben das Cello.
„Danke", sagt der Mann, „wenn du jetzt noch meinen Stock nehmen könntest, wäre das toll. Ich ziehe mich dann schon alleine hoch."
Langsam steigt der Mann die drei Stufen hinauf in den Zug. Oben gibt Jasmin ihm seinen Stock. Gemeinsam nehmen sie im Wagen Platz, Jasmin hat zuvor Cello und Aktentasche geholt. Draußen ertönt ein Pfiff. Der Zug setzt sich in Bewegung. Keine Minute später betritt die Schaffnerin den Wagen.
„Darf ich bitte die Fahrscheine sehen?", fragt sie.
Der Mann zeigt seinen Schwerbehindertenausweis. „Danke", sagt die Schaffnerin. Dann schaut sie Jasmin an. Jasmin sucht in ihrem Geldbeutel. „Ach, du liebe Zeit!", erschrickt sie. „Ich habe den Fahrschein, glaub' ich, auf dem Schreibtisch liegen gelassen." Sie sucht noch einmal, aber dann fällt es ihr ein: Sie hatte den Fahrschein gerade in den Geldbeutel stecken wollen, als das Telefon geklingelt hat. Sie ist sich sicher, den Fahrschein dann auf dem Schreibtisch vergessen zu haben. Sie sucht noch einmal, so als könnte sie die Fahrkarte damit herbeizaubern, aber sie weiß sicher: Die Fahrkarte ist nicht da, sie liegt zu Hause auf ihrem Schreibtisch. Sie merkt, dass sie einen roten Kopf bekommt und stottert: „Ich … ich habe meine … Fahrkarte zu Hause liegen gelassen."
Die Schaffnerin, eben noch freundlich, macht ein ernstes Gesicht. Sie denkt: „Das ist wieder mal so eine. Es wird doch immer schlimmer. Anscheinend gilt es neuerdings als schick, ohne Fahrschein zu fahren. Das kann so nicht weitergehen."
Laut sagt sie: „Schau noch mal gründlich nach!"
„Das nützt nichts", stammelt Jasmin. „Der Fahrschein liegt zu Hause."
„Aha", denkt die Schaffnerin, „sie ist sich sicher, keinen Fahrschein zu haben. Kein Wunder, sie hat ja auch keinen gelöst." Langsam richtet sich die Bahnangestellte auf. „Dann muss ich dich aus dem Zug weisen."
„Aber der Zug fährt doch gerade!"
„Am nächsten Bahnhof steigst du aus."
„Ich habe aber doch kein Handy. Wie soll ich denn meiner Mutter Bescheid geben?"
„Das ist nicht mein Problem. Ich habe meine Anweisungen, was Schwarzfahrer betrifft. Wer ohne Fahrschein fährt, muss bei nächster Gelegenheit aussteigen."
„Hören Sie mal", sagt da der Mann gegenüber. „Wie Sie gesehen haben, bin ich schwerbehindert. Und als Schwerbehinderter darf ich eine Begleitperson kostenlos mitnehmen. Betrachten Sie das Mädchen doch als meine Begleiterin! Die junge Dame hat mir so freundlich beim Einsteigen geholfen."
„Jetzt mischt der sich auch noch ein", denkt die Schaffnerin. „Dabei hat der Chef neulich noch gesagt, es müsse mal hart durchgegriffen werden. Und jetzt fängt das Gör auch noch an zu heulen. Die versteht es, die Leute zu ködern. Macht einen auf unschuldig! Nein, meine Liebe, mit mir nicht!" Sie wendet sich dem Schwerbehinderten zu. „Stören Sie bitte die Amtshandlung nicht!" Während der Zug langsamer wird, sagt sie zu der weinenden Jasmin: „Aussteigen!" Sie wartet, bis der Zug steht. Dann öffnet sie die Tür und sagt: „Bitte schön!" und zeigt mit der Hand nach draußen. Jasmin zögert. „Wird es bald?" Jasmin nimmt ihr Cello und steigt aus. Der Zug fährt ab. Sie sieht noch, dass der Mann mit der Schwerbehinderung protestiert und erregt mit der Schaffnerin redet. Es ist inzwischen dunkel geworden. „Parkentin", liest Jasmin laut. „Das sind ja fünf Kilometer durch die Nacht. Und das Cello ist schwer." Sie stapft los in Richtung Bad Doberan. Immer wieder will Angst in ihr hochkommen.

87 800 Schwarzfahrer geschnappt

Hamburg (rm). Ehrliche Kunden müssen die durch Schwarzfahren verursachten Millionenschäden mitbezahlen. Am häufigsten fahren 19–30-Jährige ohne gültigen Fahrschein.

Im vergangenen Jahr haben die Fahrkartenkontrolleure der Hamburger Hochbahn rund 87 800 Menschen beim Schwarzfahren erwischt. 2,3 Millionen Fahrgäste wurden von den etwa 100 Kontrolleuren überprüft, die in Bussen und U-Bahnen tätig sind. Somit lag der Prozentsatz der Schwarzfahrer bei knapp 3,6 Prozent. Der Hamburger Hochbahn entstand dadurch im letzten Jahr ein Schaden von 12,6 Millionen Euro. Dem gegenüber stehen 1,8 Millionen Euro, die die erwischten Schwarzfahrer für erhöhte Fahrpreise bezahlen mussten, so die Angaben des Geschäftsführers der Hochbahn-Wache in Hamburg. Am häufigsten würden 19–30-Jährige ohne gültigen Fahrschein fahren, diese Gruppe mache 41,5 Prozent der Schwarzfahrer aus.

Der Geschäftsführer führt aus, dass Schwarzfahrer aus allen sozialen Schichten kämen. Er weist darauf hin, dass Schwarzfahren kein Sport sei, also nicht einfach als Kavaliersdelikt abgetan werden könne. Deshalb startet das Unternehmen demnächst eine Informationswoche, bei der auf verstärkte Kontrollen hingewiesen wird. Schwarzfahrer müssen mit einer Strafanzeige und hohen Geldbußen rechnen. So sind zwei Mehrfach-Täter, die mindestens viermal erwischt wurden, zu 450 Euro und 1000 Euro Strafe verurteilt worden. Manipulierte Fahrscheine führen ebenfalls zu hohen Strafen. Fahrgäste mit solchen Fahrscheinen müssen 100 Euro Strafe bezahlen.

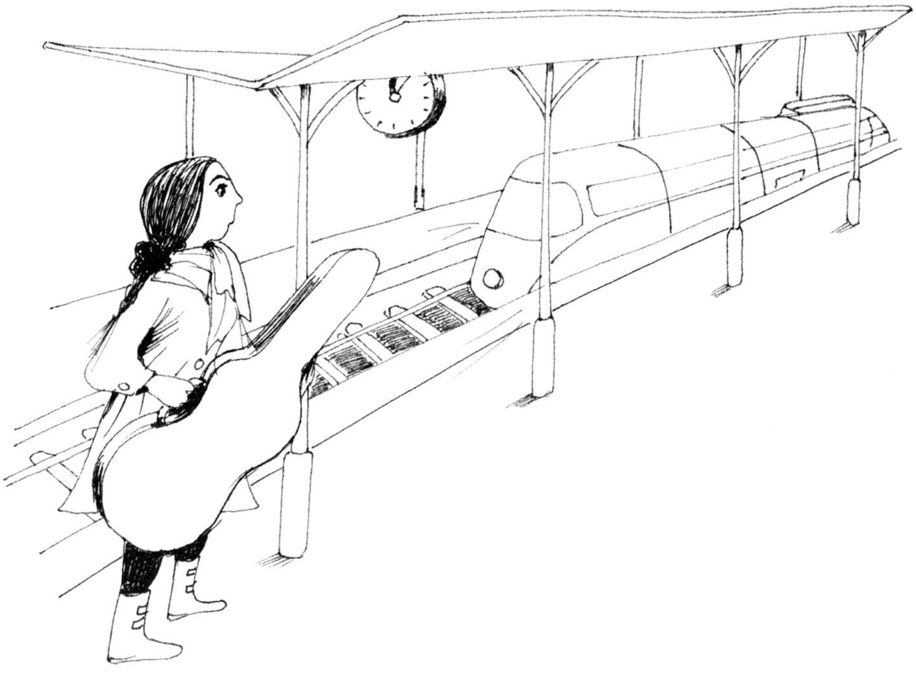

Infos sammeln

Kreuze die richtigen Antworten an.

1. Warum benötigt der Mann auf dem Bahnsteig Hilfe beim Einsteigen?
   - ▢ a) Der Mann kann die drei Stufen hinauf in den Zug nicht selbst bewältigen.
   - ▢ b) Der Mann ist gehbehindert.
   - ▢ c) Der Mann ist ein Rollstuhlfahrer.

2. Wo befindet sich Jasmins Fahrschein?
   - ▢ a) Sie hat ihn irgendwo unterwegs verloren.
   - ▢ b) Sie hat überhaupt keinen Fahrschein gelöst.
   - ▢ c) Ihr Fahrschein liegt bei ihr zu Hause auf dem Schreibtisch.

3. Was denkt die Schaffnerin von Jasmin?
   - ▢ a) Sie hält Jasmin für eine Lügnerin, die gar keinen Fahrschein gelöst hat.
   - ▢ b) Sie denkt, dass sie hart durchgreifen muss, weil Jasmin sich nicht richtig verhalten hat.
   - ▢ c) Sie hält Jasmin für eingebildet.

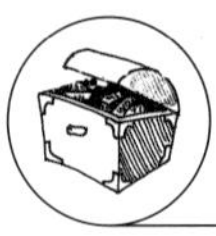

Wortschatz

Kreuze die richtige Antwort an.

1. Was ist ein Cello?
   - ▢ a) ein Tasteninstrument
   - ▢ b) ein Blasinstrument
   - ▢ c) ein Streichinstrument

2. Was ist ein Schwarzfahrer?
   - ▢ a) eine Person, die in schwarzer Kleidung auf Reisen geht
   - ▢ b) eine Person, die in öffentlichen Verkehrsmitteln ohne gültigen Fahrschein reist
   - ▢ c) ein Fahrkartenkontrolleur in schwarzer Uniform

3. Was heißt „protestieren“?
   - ▢ a) gegen eine Handlung oder eine Anweisung Widerspruch einlegen
   - ▢ b) etwas auf seinen Wahrheitsgehalt hin prüfen
   - ▢ c) jemanden vor Übergriffen schützen

Verständnis

Kreuze die richtige Antwort an.

1. Warum hat Jasmin die Zugfahrt überhaupt angetreten?
   - ▢ a) Sie wollte auf dem Bahnsteig dem Mann mit dem Schwerbehindertenausweis begegnen.
   - ▢ b) Sie wollte von der Musikschule in Rostock nach Hause fahren.
   - ▢ c) Sie wollte einen Ausflug nach Parkentin machen.

2. Warum bekommt Jasmin einen roten Kopf, als sie zugeben muss, dass sie keinen Fahrschein hat?
   - ▢ a) Sie schämt sich, weil die Schaffnerin denken könnte, dass sie zu arm ist, um sich einen Fahrschein zu kaufen.
   - ▢ b) Sie ist zornig darüber, dass die Schaffnerin sie erwischt hat.
   - ▢ c) Es ist ihr peinlich, für eine Schwarzfahrerin gehalten zu werden.

3. Auf welche Weise versucht der gehbehinderte Mann Jasmin zu helfen?
   - ☐ a) Er will ihr eine Fahrkarte nachlösen.
   - ☐ b) Er will sie als seine kostenlos mitreisende Begleitperson ausgeben.
   - ☐ c) Er erzählt, dass Jasmin ihre Fahrkarte wohl verloren haben muss, als sie ihm beim Einsteigen geholfen hat.

Anwenden

Kreuze die richtigen Antworten an.

1. Warum ist es sinnvoll, Menschen mit einem Schwerbehindertenausweis zu gestatten, eine kostenlose Begleitperson mit auf die Reise zu nehmen?
   - ☐ a) Die Begleitpersonen sollen bei den Mitreisenden um Verständnis für den Behinderten werben.
   - ☐ b) Die Begleitpersonen sollen den Behinderten auf der Reise unterhalten und ihm so die Zeit verkürzen.
   - ☐ c) Die Begleitpersonen sollen dem Menschen mit einer Behinderung helfen, die für ihn beschwerliche Reise durchzuführen.

2. Warum können Zugfahrscheine nicht einfach abgeschafft werden?
   - ☐ a) Ausbau und Reparatur des Schienennetzes müssen durch die Fahrpreise finanziert werden.
   - ☐ b) Wenn man kostenlos Bahn fahren dürfte, würden die Leute alle fordern, auch kostenlos fliegen zu dürfen.
   - ☐ c) Für Fahrzeuge und Servicepersonal der Deutschen Bahn muss jeder Fahrgast seinen finanziellen Beitrag leisten.

3. Was ist unter „manipulierten Fahrscheinen" zu verstehen?
   - ☐ a) Das sind Fahrscheine, die von anderen Beförderungsunternehmen stammen.
   - ☐ b) Das sind Fahrscheine, die schon einmal benutzt worden sind, deren Abstempelung z. B. aber vorsichtig ausradiert wurde.
   - ☐ c) Das sind Fahrscheine, die irgendwo gestohlen worden sind.

Problemstellung

Worin besteht das Fehlverhalten der Schaffnerin, worin das von Jasmin?

____

____

____

____

Vorschläge

Wie könnte die Bahn angesichts der vielen schwarzfahrenden Jugendlichen angemessen reagieren?

Eigene Meinung

Wie hätte der Konflikt im Zug zwischen Jasmin und der Schaffnerin deiner Meinung nach auf andere (bessere) Weise gelöst werden können?

Thema 3: Tokio Hotel – coole Rocker oder peinliche Kinderstars?

Tokio Hotel ist eine deutsche Band aus dem Raum Magdeburg. Ihrer ersten Nummer-1-Single „Durch den Monsun" folgten drei weitere. Mit über 5 Millionen verkauften Tonträgern gehört die Band im deutschsprachigen Raum zu den kommerziell erfolgreichsten Bands der letzten Jahre. Die Plattenfirma Universal Music vermarktet die Band seit 2007 in weiten Teilen Europas, seit 2008 auch in Nord- und Südamerika. Nach zum Teil beachtlichen Erfolgen im Ausland wurde das dritte Album der Band 2009 erstmals weltweit gleichzeitig veröffentlicht.

Geschichte der Band

Die eineiigen Zwillinge Bill und Tom Kaulitz (geboren am 01.09.1989 in Leipzig) machen seit ihrer Kindheit zusammen Musik. Musikalisch gefördert wurden sie dabei von ihrem Stiefvater, der selbst als Musiker in Magdeburg aktiv ist. Bei einem Auftritt im Jahr 2001 in ihrer Heimatstadt Magdeburg trafen sie Gustav Schäfer (geboren am 08.09.1988) und Georg Listing (geboren am 31.03.1987), mit denen sie die Band *Devilish* gründeten und Auftritte in Magdeburg und Umgebung durchführten.

Nach Bill Kaulitz' Teilnahme bei Kinder-Star-Search wurde die Band 2003 vom Musikproduzenten Peter Hoffmann entdeckt. Sony BMG Music Entertainment nahm die Band schließlich unter Vertrag und die Band nannte sich um in Tokio Hotel. Hoffmann holte David Jost und Pat Benzner mit ins Produzenten- und Autorenteam und ließ die Bandmitglieder Gesangs- und Instrumentalunterricht nehmen. Kurz vor Veröffentlichung der ersten Platte kündigte Sony jedoch den Vertrag. 2005 nahm Universal Music Tokio Hotel unter Vertrag und erarbeitete einen umfangreichen Marketingplan, um den Verkauf der Produkte von Tokio Hotel zu sichern.

Herkunft des Bandnamens

Woher der Name der Band genau stammt, ist nicht geklärt. Die Bandmitglieder verweisen jedoch immer wieder auf das, was sie mit den Begriffen Tokio und Hotel verbinden. „Tokio ist ja schon irgendwie der Wahnsinn, obwohl wir alle noch nie da waren", so Bill Kaulitz. Es wird unter anderem vermutet, dass durch „Tokio" im Bandnamen Anklänge an den Japan-Rock hergestellt werden sollen. Dort gibt es häufig androgyn auftretende Musiker, die, wie Bill Kaulitz, männliches und weibliches Erscheinungsbild mischen.

Öffentliche Wahrnehmung

Die Band wird sowohl als Teil eines gut ausgedachten Vermarktungsplanes wie auch als authentisch, also „echt" wahrgenommen. In ihrer Musik, aber noch mehr in ihrem Äußeren und in ihren Videos ahmen die Künstler die Rock-Musik nach. Ihre Liedtexte lassen umfangreiche Lebenserfahrung vermuten und behandeln Themen um Liebe, Wut und Weltschmerz, was mit ihrem jugendlichen Alter und ihrem zum Teil kindlichen Auftreten nicht übereinstimmt. Dieser Gegensatz scheint jedoch einer der Gründe für ihre große Beliebtheit zu sein. Gleichzeitig werden sie gerade deshalb häufig als nicht ernst zu nehmend abgelehnt.

Umfrage zu Tokio Hotel

Die Zeitschrift „Hitmix“ führte vor einigen Wochen eine Umfrage zum Thema „Tokio Hotel – coole Rocker oder peinliche Kinderstars?“ durch.
Einige Meinungen wurden veröffentlicht.

„Die Kerle von Tokio Hotel finde ich einfach peinlich. Denen kommt es doch gar nicht auf die Musik an, denen geht es nur um ihren kommerziellen Erfolg.“
Christian, 16 Jahre

„Ich bin Tokio Hotel-Fan seit der ersten Minute! Schon ihre erste Single ‚Durch den Monsun‘ hat mich total begeistert!“
Leonie, 13 Jahre

„Das einzige Lied, das ich von Tokio Hotel kenne, ist ‚Durch den Monsun‘. Das ist weltweit in den Charts gewesen, nachdem es auch ins Englische übersetzt worden ist. Ansonsten sind mir solche Teenie-Bands echt zuwider!“
Frederic, 19 Jahre

„Ich kann mich noch sehr gut an den Auftritt von Tokio Hotel bei „Wetten, dass…?“ im April 2006 erinnern. Dabei sind die Jungs einem Millionenpublikum schlagartig bekannt geworden.“
Luna, 24 Jahre

„Nie werd' ich den Abend vergessen, als ich im Kino ‚Zimmer 483 – Live in Europe‘ angeschaut habe. Der Film, der Ausschnitte der letzten Tour von Tokio Hotel zeigt, lief in über einhundert Kinos in Deutschland gleichzeitig. Das war so cool, man hatte das Gefühl, live dabei zu sein!“
Sabrina, 15 Jahre

Infos sammeln

Kreuze die richtige Antwort an.

1. Von wem wurden Bill und Tom als Kinder gefördert?
   - ☐ a) Der Musikproduzent Peter Hoffmann entdeckte beide schon, als sie noch in den Kindergarten gingen.
   - ☐ b) Ihr Stiefvater, der selbst Musiker ist, förderte beide Kinder musikalisch.
   - ☐ c) Die Firma Universal Music entdeckte die Zwillinge beim Singen in der Grundschule.

2. Wie lautet der Titel der ersten Single, die Tokio Hotel herausbrachte?
   - ☐ a) Sie trägt den Titel „Zimmer 483 Tour“.
   - ☐ b) Sie heißt „Durch den Monsun“.
   - ☐ c) Sie trägt den Titel „Der letzte Tag“.

3. Wie hieß die Band bei ihrer Gründung?
   - ☐ a) Die Band hieß ursprünglich Universal Music.
   - ☐ b) Die Band hieß ursprünglich Devilish.
   - ☐ c) Die Band hieß ursprünglich Androgyn.

Wortschatz

Kreuze die richtige Antwort an.

1. Was bedeutet „kommerziell erfolgreich“?
   - ☐ a) „Kommerziell erfolgreich“ bedeutet, dass die Musiker sehr musikalisch sind.
   - ☐ b) Die Band kam mit einem ihrer Songs auf Platz 1 der Hitlisten.
   - ☐ c) Das bedeutet, dass die Platten der Band hohe Verkaufszahlen erzielen.

2. Was sind eineiige Zwillinge?
   - ☐ a) So nennt man Geschwister, die sich trotz ihres unterschiedlichen Alters sehr ähnlich sehen.
   - ☐ b) Das sind Zwillinge, die genetisch identisch sind und völlig gleich aussehen.
   - ☐ c) So bezeichnet man Zwillinge, die immer die gleiche Kleidung tragen, damit man sie nicht auseinander halten kann.

3. Was bedeutet „androgyn“?
   - ☐ a) „Androgynes“ Erscheinungsbild heißt, dass Menschen männliche und weibliche Elemente in der Kleidung und im Benehmen vermischen.
   - ☐ b) Androgyn erscheinen Menschen, die sehr ausgefallene Kleidung tragen.
   - ☐ c) Androgyn erscheinende Leute sind solche, die ungewöhnliche Frisuren haben.

Verständnis

Kreuze die richtige Antwort an.

1. Warum gab die Band sich den Namen „Tokio Hotel“?
   - ☐ a) Die Zwillinge sind vor Gründung der Band in Tokio gewesen und fanden die Stadt faszinierend.
   - ☐ b) Bills und Toms Mutter ist Japanerin und stammt aus Tokio.
   - ☐ c) Mit diesem Namen sollen vermutlich Anklänge an den Japan-Rock hergestellt werden.

2. Warum war der Fernsehauftritt bei „Wetten, dass?“ im April 2006 ein Höhepunkt für die Band?
   - ☐ a) Bei der Fernsehsendung sahen etwa 13 Millionen Menschen zu. Damit war die Band schlagartig bekannt in Deutschland.
   - ☐ b) Bill und Tom haben bei der Fernsehshow ihre Angst vor Kameras überwunden.
   - ☐ c) Bei der Fernsehshow hat die Band erstmals live gesungen.

3. Warum wurde das dritte Album der Band weltweit gleichzeitig veröffentlicht?
   - ☐ a) Die Fans im Ausland wären beleidigt gewesen, wenn deutsche Fans das Album früher hätten kaufen können.
   - ☐ b) Die Band hatte beachtliche Erfolge im Ausland gefeiert und wollte daher das Album auch dort auf den Markt bringen.
   - ☐ c) Das hat Peter Hoffmann durchgesetzt, um Steuern zu sparen.

Anwenden

Kreuze die richtigen Antworten an.

1. Warum hat die Band „Durch den Monsun“ wohl in englischer Sprache herausgebracht?
   - ☐ a) Alles, was Englisch ist, findet bei Musikliebhabern großen Anklang.
   - ☐ b) Englisch ist die einzige Fremdsprache, in der die Band überhaupt singen kann.
   - ☐ c) Songs in englischer Sprache können in der Welt besser verstanden werden als Songs auf Deutsch.

2. Worin besteht ein „Gegensatz“ im Auftreten der Bandmitglieder?
   - ☐ a) Das jugendliche Alter der Bandmitglieder passt nicht zu den Texten ihrer Songs, die viel Lebenserfahrung ausdrücken.
   - ☐ b) Die Bandmitglieder nennen sich nach der japanischen Hauptstadt und singen deutsche Texte.
   - ☐ c) Die Zwillinge Bill und Tom sehen sich eigentlich sehr ähnlich, kleiden sich aber ganz verschieden und haben verschiedene Frisuren.

3. Was könnte ein Teil des gut durchdachten Marketingplanes (Verkaufsplanes) für Singles und Alben von Tokio Hotel gewesen sein?
   - ☐ a) die Stimmbanderkrankung von Bill
   - ☐ b) das bundesweite zeitgleiche Zeigen von „Zimmer 483 – Live in Europe“ in über 100 Kinos
   - ☐ c) das Umändern des Bandnamens *Devilish* in *Tokio Hotel*

Problemstellung

Wie wird die Beliebtheit der Band erklärt?

____

____

____

____

Vorschläge

Was könnte der Grund sein, dass die Gegner von Tokio Hotel die Band ablehnen?

Eigene Meinung

Begründe, ob dir die Band gefällt oder nicht!

Thema 4: Rosen riechen gut – aber schmecken sie auch?

Jedes zweite Jahr wird in Oldenburg ein „Natur-Wochenende“ veranstaltet, dessen Finale ein großer Markt für Naturprodukte und für biologisch erzeugte Lebensmittel ist.
Auch die ortsansässigen Schulen nehmen stets daran teil. Eine Kochgruppe der Klasse M2 wurde deshalb aufgefordert, sich Gedanken zu machen, was sie unter Anleitung des Kochlehrers in diesem Jahr als Beitrag zum Naturmarkt liefern, welches Nahrungsmittel sie also herstellen und auf dem Markt verkaufen wolle.
Die Schüler sahen die Kochbücher durch und überlegten. Waffeln mit Vollkornmehl, Apfeltorte mit Bio-Äpfeln, Schnitten mit pflanzlichem Schmalz-Ersatz, das alles hatte es schon häufig genug auf dem Markt gegeben, das machten andere Gruppen auch. „Wir müssen etwas anbieten, was man nicht sofort zu essen braucht“, entschied die resolute Caro. „Das kaufen die Leute auch dann, wenn sie satt sind.“
Nach einiger Beratungszeit stand es fest. „Wir kochen Rosenblättergelee.“ Dafür gab es tatsächlich ein Rezept in einem Buch, das Zubereitungsanweisungen von früher enthielt.
„Gelee muss in Gläser abgefüllt werden, die man verschließen kann“, überlegte Steffi.
„Da könnte ich die leeren Babybrei-Gläschen von meinem kleinen Bruder mitbringen.“
„Nicht nur die Gläschen, sondern auch die Deckel“, meinte Caro.
Die Gläser und die Deckel wurden in der Spülmaschine der Schule nochmals einer gründlichen Reinigung unterzogen und bereitgestellt.
Als der Lehrer die Fotokopien des Rezepts ausgeteilt hatte, machten alle lange Gesichter. „Wo kriegen wir fünfzig Rosenblüten her?“ „Wir kaufen sie in der Gärtnerei.“ „Quatsch, viel zu teuer.“ „Die Rosen dort sind doch bestimmt mit Pflanzenschutzmitteln behandelt. Die dürfen wir doch nicht verwenden.“
Auch hier hatte Caro eine Lösung. „In der ehemaligen Gärtnerei stehen viele alte Rosensträucher. Wir fragen den alten Gärtner, ob wir uns dort Rosen holen dürfen. Die sind bestimmt nicht gespritzt.“
Einige Tage später lagen fünfzig rote und gelbe Rosenblüten mit Stielen in der Schulküche bereit. Nun wurde Wasser abgemessen und in einen großen Topf gegeben.
„Wieso sollen denn die Blütenblätter abgezupft werden? Dann ist es doch gar kein Rosenblättergelee.“ „Und warum denn die Stiele mit den Blättern auskochen?“
„In den Blättern und Stielen sitzt noch ein Hauch von Rosenöl“, sagte der Kochlehrer. „Das gibt dem Gelee unter anderem das gute Aroma.“
Der abgeschüttete Sud sah gelblich-grün aus.
„Das hat aber mit Rosen wenig zu tun“, meinten die Schüler, die mit kritischen Augen ansahen, was sie da hergestellt hatten.
„Habt noch etwas Geduld“, mahnte der Kochlehrer.
„Warum muss denn jetzt noch Zitronensaft dazugegeben werden?“ „Überlegt doch mal! Rosen beinhalten keine Fruchtsäure. Kein Wunder, es sind ja auch keine Früchte, die wir hier verarbeiten. Gelee schmeckt aber deshalb gut, weil süßer und saurer Geschmack sich mischen. Deshalb muss Säure zugesetzt werden.“
Vorsichtig gaben nun die Schüler die gewaschenen Blütenblätter in den Sud mit dem Gelierzucker und dem Zitronensaft. Und tatsächlich – der Sud bekam nun eine wundervolle rötlich-orange Färbung. „Die Blütenblätter bleiben im Gelee und werden mit ihm später auf das Brötchen gestrichen und verzehrt“, erklärte der Kochlehrer.
Zuletzt wurden die kleinen Gläser abgefüllt und verschlossen. Nach dem Abkühlen wurden die Gläschen außen nochmals gründlich gereinigt. Jedes Glas bekam ein hübsches Häubchen aus kariertem Stoff.
Das Rosenblättergelee sah auf dem Marktstand nicht nur gut aus, es fand auch viele neugierige Abnehmer. Und als die Schüler das Rosengelee selber probierten, mussten sie zugeben, dass das Rosengelee wirklich sehr lecker schmeckt.

Die Heckenrose

Die Heckenrose *(Rosa canina)* wurde bereits bei den heidnischen Germanen als Zaun um die heiligen Bezirke gepflanzt. Die Blütenblätter der Rosen enthalten das aromatische Rosenöl. Sie galten einst als heilkräftiger Tee bei Wassersucht, Darm- und Lungenkrankheiten. Getrocknet wurden sie auch als Tabakersatz in die Pfeife gestopft. Die Früchte der Heckenrosen, die Hagebutten, eignen sich zur Bereitung von Wein, Tee, Marmelade oder Suppen.

Rosenblättergelee

10 Rosenblüten
1 1/2 l Wasser
2 Zitronen
1 kg Gelierzucker (2:1)

Die unbehandelten, frisch aufgeblühten Rosen mit 10–15 cm langen Stielen und Blättern abschneiden. Bei Verwendung von Heckenrosen werden 20 Rosenblüten benötigt. Die Blütenblätter abzupfen und zur Seite legen. Stiele und Blätter mit dem Wasser etwa 20 Minuten aufkochen. Den Sud abgießen und mit dem Gelierzucker und dem Zitronensaft unter Rühren aufkochen, nachdem man die abgespülten Rosenblätter hinzugegeben hat. Die Blätter verleihen dem Gelee eine zarte bis kräftige Farbe. Heiß in Gläser füllen, dunkel und kühl aufbewahren.

Gänseblümchengelee

4 Handvoll Gänseblümchenblüten
2 l Wasser
1 kg Gelierzucker (2:1)
Saft von 2 Zitronen

Die Blüten kurz waschen und im Wasser aufkochen und abgießen. Die heiße Brühe mit Gelierzucker und dem Zitronensaft verrühren und kurz aufkochen. Heiß in Gläser einfüllen.

Infos sammeln

Kreuze die richtige Antwort an.

1. Warum wurden die Schüler der Kochgruppe aufgefordert, sich über Naturkost Gedanken zu machen?
   - ☐ a) Die Schule wollte zeigen, dass sie guten Biologieunterricht vermittelt.
   - ☐ b) Die Schule wollte sich als ökologisch ausgerichteten Lernort darstellen.
   - ☐ c) Die Schule nahm an dem stattfindenden Markt für Naturprodukte teil.

2. Warum entschieden sich die Kinder gegen Waffeln aus Vollkornmehl?
   - ☐ a) Sie wollten etwas anbieten, was andere Stände nicht verkaufen.
   - ☐ b) Waffeln aus Vollkornmehl schmecken nicht besonders gut und werden nicht oft gekauft.
   - ☐ c) Sie hatten nicht genug Waffeleisen zum Backen der Waffeln.

3. Warum wollte Caro etwas anbieten, das man nicht sofort zu essen braucht?
   - ☐ a) Caro findet die Vorstellung, etwas direkt auf dem Markt zu essen, eklig.
   - ☐ b) Gelee wird auch gekauft, wenn die Leute schon satt sind.
   - ☐ c) Manche Leute legen sich gerne zu Hause einen Lebensmittelvorrat an.

Wortschatz

Kreuze die richtige Antwort an.

1. Was sind biologisch erzeugte Lebensmittel?
   - ☐ a) Das sind Lebensmittel, die überwiegend aus biologischem Anbau stammen, also ohne Verwendung von Pflanzenschutzmitteln produziert werden.
   - ☐ b) Dabei handelt es sich um Lebensmittel, die im Biologieunterricht hergestellt worden sind.
   - ☐ c) Das sind Lebensmittel, die im Ausland erzeugt werden.

2. Was ist ein Sud?
   - ☐ a) andere Bezeichnung für kochendes Wasser
   - ☐ b) ausgekochte Lebensmittel
   - ☐ c) eine durch Auskochen erhaltene Lösung

3. Was sind Abnehmer?
   - ☐ a) Menschen, die schlank werden wollen
   - ☐ b) Käufer
   - ☐ c) Diebe

Verständnis

Kreuze die richtigen Antworten an.

1. Warum mussten Stiele und Blätter der Rosen ausgekocht werden?
   - ☐ a) Sie sollten zum Schluss fein gemahlen unter das Gelee gemischt werden.
   - ☐ b) Der darin enthaltene Hauch von Rosenöl sollte durch das Auskochen in die Kochbrühe gelangen.
   - ☐ c) Dadurch sollte das Gelee dauerhaft haltbar gemacht werden.

2. Warum konnten die Rosenblüten nicht beim Gärtner gekauft werden?
   - ☐ a) Zuchtrosen werden immer mit Pflanzenschutzmitteln behandelt. Das macht sie zum Verzehr ungeeignet.
   - ☐ b) Das wäre zu teuer geworden.
   - ☐ c) Der Gärtner hat so viele Rosen meist gar nicht vorrätig.

3. Warum werden die Blütenblätter erst am Ende mit in das Gelee gegeben?
   - ☐ a) Dadurch wird ihre Form nicht zerstört.
   - ☐ b) Sie geben dem Gelee eine schöne Farbe, die zerstört worden wäre, wenn man sie mitgekocht hätte.
   - ☐ c) Die in ihnen enthaltenen Vitamine würden zerstört, wenn man sie zu früh in die Kochbrühe gäbe.

Anwenden

Kreuze die richtigen Antworten an.

1. Welche Verwendung fanden Rosenblütenblätter bei armen Leuten in der Vergangenheit?
   - ☐ a) Sie trockneten sie und machten sich daraus Matratzen für ihre Betten.
   - ☐ b) Sie trockneten sie und rauchten sie in der Pfeife als Tabakersatz.
   - ☐ c) Sie bereiteten daraus einen gesunden Tee.

2. Worin besteht der Unterschied zwischen Heckenrosen (wilden Rosen) und Edelrosen?
   - ☐ a) Edelrosen haben im Herbst keine Hagebutten als Früchte.
   - ☐ b) Heckenrosen haben weniger Blütenblätter als Edelrosen.
   - ☐ c) Aus den Blüten der Heckenrosen kann man kein Gelee zubereiten.

3. Wofür sind Rosenblätter gesund?
   - ☐ a) Der Verzehr von Rosenblättergelee beseitigt üblen Mundgeruch.
   - ☐ b) Aus Rosenblättern gebrauter Tee hilft gegen Wassersucht, Darm- und Lungenkrankheiten.
   - ☐ c) Das Rauchen von getrockneten Rosenblättern hilft gegen Verstopfung.

Problemstellung

Warum sind Naturprodukte oder Lebensmittel aus biologischem Anbau so beliebt?

____

____

____

____

Vorschläge

Welche anderen Nahrungsmittel hätten die Schüler der Kochgruppe für den Markt der Naturprodukte herstellen können?

____

____

____

____

____

Eigene Meinung

Was sind die Vor- und die Nachteile beim biologischen Anbau von Lebensmittelpflanzen?

Thema 5: Wenn Essen zur Qual wird: Magersucht

„Du hast den Kartoffelsalat fast ganz alleine gemacht, Melle. Und jetzt willst du überhaupt nichts davon essen", sagt Sandra, als die ganze Kochgruppe am Tisch im Essraum neben der Schulküche sitzt und genüsslich schmaust.
„Ja, Melle, jetzt iss doch mal mit uns. Du kannst es doch vertragen."
Melle, die eigentlich Melanie heißt und einen leeren Teller vor sich stehen hat, sagt: „Ich habe doch in der Küche beim Zubereiten dauernd genascht. Ich bin jetzt echt pappsatt."
„Also ehrlich, Melanie, davon habe ich aber nun gar nichts gemerkt", mischt sich Herr Schwarz ein. „Ich war die ganze Zeit neben dir, aber ich kann mich nicht entsinnen, dass du nur ein einziges Mal etwas gegessen hättest."
Melle wird ein bisschen rot. „Ich hab das eben heimlich gemacht."
„Aber nun solltest du doch wenigstens ein bisschen von dem leckeren Kartoffelsalat probieren. Schließlich hast du ihn ja zum größten Teil gemacht", meint der Kochlehrer.
„Und ein kleines Hähnchenschnitzel könntest du auch mal probieren. Das haben deine Klassenkameraden mit viel Mühe zubereitet. Und es schmeckt wirklich gut."
Ehe Melle noch protestieren kann, hat sie einen Löffel voll Kartoffelsalat auf dem Teller. Und fast gleichzeitig ein Hähnchenschnitzel. Sie verdreht die Augen. Melanie ergreift Messer und Gabel und schiebt den Salat hin und her. Dann schnippelt sie an dem Schnitzel herum. Als sie merkt, dass alle sie beobachten, nimmt sie etwas Kartoffelsalat auf die Gabel und führt ihn zum Mund.
„Sie kaut ihn gar nicht", denkt Sandra, die sie die ganze Zeit beobachtet hat. Melle nimmt noch zwei kleine Gabeln voll Salat. Dann springt sie auf. „Ich muss dringend zur Toilette, Herr Schwarz", sagt sie. Herr Schwarz nickt. Als Melle den Essraum verlassen hat, winkt Herr Schwarz Eva zu sich. „Schau du doch mal nach Melle", sagt er. „Irgendwie ist sie heute anders als sonst."
Eva betritt die kleine Toilette neben der Küche. Melle hat die Tür offen stehen lassen. Eva kann gerade noch sehen, dass Melle den Kartoffelsalat, den sie im Mund hatte, ausspuckt.
„Was machst du denn da?", fragt Eva. „Geht dich nichts an. Mir ist nicht nach Essen", faucht Melle.
„Ich finde, dass du unbedingt essen musst", meint Eva. „Du bist in den letzten Wochen ziemlich mager geworden." „Lass das mal lieber meine Sorge sein, das geht dich gar nichts an."

Einige Wochen sind vergangen. Eva, Sandra und die anderen aus der Klasse haben sich daran gewöhnt, dass Melle nichts isst. Sie trägt jetzt immer weite, wehende Kleidung.
Eines Morgens sagt Greta, ihre Banknachbarin: „Mensch Melle, du hast ja ganz blaue Fingernägel." „Tatsächlich?", fragt Melle zurück und versteckt ihre Hände unter dem Poncho, den sie jetzt auch während des Unterrichts nicht mehr ablegt.

Einige Tage später kommt Melle nicht zur Schule. Ihre Mutter gibt der Schulsekretärin Bescheid, dass sie im Krankenhaus auf der Intensivstation liege. Sie sei im Park beim Joggen zusammengebrochen. Ihr Zustand sei sehr kritisch.

„Melle ist in letzter Zeit ganz merkwürdig gewesen", sagt Eva zu Sandra. „Wenn sie überhaupt noch mit uns gesprochen hat, dann hat sie immer nur vom Essen geredet. Dabei ist sie doch so dünn."
„Hast du gesehen, dass sie sich auch im Gesicht verändert hat? Auf den Backen ist ihr ein richtiges blondes Fellchen gewachsen, wie das die Babys manchmal haben."

PUBERTÄTSMAGERSUCHT – ANOREXIA NERVOSA

Magersucht ist keine dumme Angewohnheit, sondern eine schlimme, lebensbedrohliche Krankheit.

Wie sich ein magersüchtiges Mädchen verhält

Kathrin berichtet:
„Ich habe ein paar Kilo abgenommen und meine Freunde meinten, ich sähe gut aus. Das machte mich stolz und spornte mich an, noch schlanker zu werden. Ich gefiel mir. Ich war stolz auf meine herausstehenden Knochen und vor allem darauf, dass die Waage immer weniger anzeigte. Ich kochte leckere Gerichte für meine Familie und freute mich, wenn es den anderen schmeckte, während ich mir jedes Gramm, das ich aß, genau überlegte und möglichst verkniff. Über kurz oder lang kannte ich sämtliche Kalorientabellen auswendig. Ich war den ganzen Tag nur noch mit Gedanken an Essen und Nichtessen beschäftigt, sonst konnte ich mich für nichts mehr begeistern. Ich wollte immer noch dünner werden, das war mein Ziel. Ich wog mich mindestens fünf Mal täglich und war glücklich, wenn ich abgenommen hatte. Allmählich begannen meine Kräfte zu schwinden, aber das habe ich einfach ignoriert."

Die körperlichen Symptome und ihre Folgen

Die Einstellung zu Essen, Nahrung oder Körpergewicht ist eindeutig gestört. Sie lässt sich durch Drohungen, Beruhigungen oder Ermahnungen nicht beeinflussen.

1. Leugnen einer Erkrankung, begleitet von der Unfähigkeit, Hunger wahrzunehmen
2. Erkennbare Freude am Gewichtsverlust, Nahrungsverweigerung wird als angenehme Vergünstigung betrachtet
3. Das angestrebte Körperbild liegt im Bereich des extremen Untergewichts.

Auswirkungen

1. Ausbleiben der monatlichen Regelblutung (Amenorrhoe)
2. Lanugo (flaumige Behaarung)
3. Langsame Herztätigkeit mit 55 Schlägen pro Minute (Bradykardie), wegen schwächerer Durchblutung blaue Verfärbung der Fingernägel
4. Zeiten von Überaktivität
5. Zeiten von Heißhunger
6. Erbrechen, das häufig selbst herbeigeführt wird

Nicht alle Magersüchtigen zeigen alle genannten Symptome der Erkrankung. Auch ältere Leute können magersüchtig werden. Neuerdings fangen auch männliche Jugendliche an, die Symptome der Magersucht zu zeigen.

Infos sammeln

Kreuze die richtige Antwort an.

1. Wer ist Herr Schwarz?
   - ☐ a) Herr Schwarz ist der Hausmeister der Schule.
   - ☐ b) Herr Schwarz ist der Hauswirtschaftslehrer.
   - ☐ c) Herr Schwarz ist der Schulleiter.

2. Wie erklärt Melle den Mitschülerinnen, dass sie nichts essen mag?
   - ☐ a) Sie sagt, sie habe sich den Magen verdorben.
   - ☐ b) Sie sagt, dass sie keinen Kartoffelsalat möge.
   - ☐ c) Sie sagt, sie habe bei der Zubereitung so viel genascht, dass sie jetzt richtig satt sei.

3. Warum kommt Melle irgendwann nicht zur Schule?
   - ☐ a) Sie hatte auf der Straße einen Unfall.
   - ☐ b) Sie hat sich beim Joggen einen Knöchel verstaucht.
   - ☐ c) Sie ist beim Joggen zusammengebrochen.

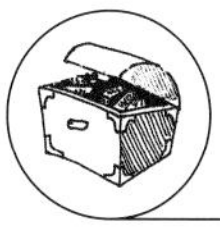

Wortschatz

Kreuze die richtige Antwort an.

1. Was ist „schmausen"?
   - ☐ a) ein altes Wort für „etwas Wohlschmeckendes essen"
   - ☐ b) sich küssen und streicheln
   - ☐ c) genüsslich eine Zigarette rauchen

2. Was ist ein Poncho?
   - ☐ a) der Name für eine Bärenart, die in Ostasien lebt
   - ☐ b) Kleidungsstück mit einem Loch für den Kopf, jedoch ohne Ärmel
   - ☐ c) eine japanische Motorradmarke

3. Was ist eine Intensivstation?
   - ☐ a) ein luxuriöses Bahnhofshotel
   - ☐ b) eine Tankstelle mit besonders billigem Treibstoff
   - ☐ c) eine Abteilung im Krankenhaus, auf der sehr kranke oder stark verletzte Patienten besonders aufmerksam überwacht werden

Verständnis

Kreuze die richtige Antwort an.

1. Warum verdreht Melle die Augen?
   - ☐ a) Sie ist verärgert, weil sie etwas essen soll.
   - ☐ b) Sie mag keinen Kartoffelsalat und keine Hähnchenschnitzel.
   - ☐ c) Melle mag nur Salat und Gemüse und will kein Schnitzel essen – sie ist Vegetarierin.

2. Warum trägt Melle gerne weite, wehende Kleidung?
   - ☐ a) Sie möchte gerne Nähen lernen und übt gerade, weite Kleider zu schneidern.
   - ☐ b) Sie möchte zeigen, dass sie anders ist als die Klassenkameradinnen.
   - ☐ c) Sie will nicht, dass jemand ihre Magerkeit bemerkt.

3. Wie kommt es, dass Melles Fingernägel blau sind?
   - ☐ a) Sie hat sich die Fingernägel blau lackiert.
   - ☐ b) Die Finger werden nicht mehr richtig durchblutet und sehen deshalb blau aus.
   - ☐ c) Sie hat sich beim Werken versehentlich auf die Fingernägel geklopft.

Anwenden

Kreuze die richtigen Antworten an.

1. Warum vermeiden magersüchtige Jugendliche das Essen in der Öffentlichkeit?
   - ☐ a) Das Essen von normalen Nahrungsmitteln verursacht den Jugendlichen starke Schmerzen.
   - ☐ b) Sie wollen nicht, dass die Menschen um sie herum mitbekommen, dass sie das Essen nach dem Schlucken sofort wieder ausspucken oder sogar erbrechen.
   - ☐ c) Sie schämen sich, dass sie etwas essen und essen deshalb lieber, wenn sie allein sind.

2. Warum hält Melle sich für zu dick?
   - ☐ a) Es gehört zu der Krankheit „Magersucht“, dass man sich für zu dick hält.
   - ☐ b) Ihre beste Freundin hat zu ihr gesagt, sie sei dick und hässlich.
   - ☐ c) Dem Body-Maß-Index zufolge wiegt Melle zu viel.

3. Warum hat Melle, wenn überhaupt, dann nur noch vom Essen geredet?
   - ☐ a) Melle kocht gerne für ihre Klassenkameraden und redet dann auch darüber.
   - ☐ b) Magersüchtige wollen allesamt Köchinnen oder Köche werden.
   - ☐ c) Magersüchtige Jugendliche denken fast nur noch an das Essen. Das gehört zum Krankheitsbild.

Problemstellung

Viele junge Menschen werden in das Krankenhaus eingeliefert, weil ihre Magerkeit lebensbedrohlich geworden ist. Woran erkennt man im Vorfeld, dass jemand magersüchtig ist?

Vorschläge

„Schlank sein“ bedeutet zugleich „schön sein“. So wird es jedem in der Werbung vor Augen geführt. Solche Werbesendungen können Jugendliche in die Magersucht treiben. Überlege, was dagegen zu unternehmen ist.

Eigene Meinung

Stell dir vor, deine Freundin/dein Freund weigert sich zu essen. Du bist dir ziemlich schnell sicher, dass er/sie magersüchtig ist. Worin könnte deine Hilfe bestehen?

Thema 6: Mein Nachbar, ein Dieb? – Das kann nicht sein!

„Hast du schon gesehen? Jörg hat jetzt Schafe auf der Weide hinter seiner Scheune." Tabea deutet auf ein paar wollfarbene Tiere schräg hinter dem Haus.
„Er hat ja auch lange genug an der Einzäunung gebaut", meint Jonathan.
„Das ist keine Einzäunung. Bei Schafen heißt das Pferch." „Danke für die Belehrung, Tabea. Also, er hat lange an dem Pferch gebaut."
„Gehst du mit mir rüber zu ihm?", fragt Tabea. „Ich will mir unsere neuen Nachbarn mal aus der Nähe ansehen."
Jörg ist ein junger Mann Anfang zwanzig. Er will Schafe züchten, hat er den Nachbarn erzählt. Nun ist es anscheinend so weit.
Tabea und Jonathan treffen Jörg bei den Tieren.
„Warum haben deine Schafe denn so helle Flecken an der Seite?" Jörg sagt gar nichts. Er schluckt und sagt dann nur: „Weiß nicht!" Jonathan fragt: „Wo hast du die Schafe denn her?" „Die habe ich per Internet gekauft. Von der Ostsee."
Tabea streichelt die zutraulichen Tiere. Die Schafe fressen seelenruhig weiter.

„Da schau an, was hier in der Zeitung steht! Im überregionalen Teil!", ruft Tabea ganz aufgeregt.
„Was denn?"
„Einem Schäfer in Nordhessen sind vorige Woche vier wertvolle Zuchtschafe von der Weide gestohlen worden."
„Das müssen wir unbedingt dem Jörg erzählen, damit er auf seine Schafe gut aufpasst." „Nein, Jonathan, so ist das nicht. Ich kann … ich weiß nicht. Ich habe einen schrecklichen Verdacht."
„Du hast einen Verdacht?" „Wann hat Jörg seine vier Schafe bekommen?" „Vorige Woche." „Und wann sind vier Schafe gestohlen worden?" „Vorige …" Jonathan schluckt. „Willst du damit sagen, dass Jörg …?" „Also zuerst will ich mal gar nichts sagen. Aber schau doch bitte, was noch in der Zeitung steht. Die gestohlenen Tiere sind genau beschrieben. Lies selbst."

Schafdiebstahl in Wenzigerode

Wertvolle Zuchtschafe entwendet – Vom Täter keine Spur

Bad Wildungen (rm). In der Nacht von Dienstag auf Mittwoch verschwanden vier wertvolle Rhönschafe von der Weide eines Schafhalters aus dem nordhessischen Bad Wildungen/Wenzigerode. Rhönschafe gelten als besonders widerstandsfähig gegen Kälte und Regen und benötigen keine 24-Stunden-Betreuung. Die gestohlenen Tiere seien sehr wertvoll, teilte der bestohlene Züchter unserer Zeitung mit. Sie waren erst vor Kurzem preisgekrönt worden.

Als der Schafhalter aus Wenzigerode nach seinen Schafen sehen wollte, musste er eine böse Überraschung erleben: Seine wertvollsten Schafe grasten nicht mehr auf der Weide. Offensichtlich waren sie entwendet worden. Es handelt sich bei den gestohlenen Tieren um vier preisgekrönte Zuchttiere, die auf dem Markt einen sehr hohen Preis erzielen würden.

„Zweifellos sind diese Tiere von einem Kenner gestohlen worden", meint der Geschädigte. „Der Dieb wird die Ohrmarken durch neue ersetzen, die Markierungen an den Schultern allerdings wird er nur durch Abscheren des Fells entfernen können. Dadurch wird an den Schultern der Tiere eine auffällig helle Färbung im Fell zu sehen sein. Eines der Tiere hat ein schwarzbraunes Hinterbein, was bei Rhönschafen selten vorkommt." Der Schafhalter geht nicht davon aus, dass diese Tiere im Kochtopf landen werden, sondern dass ein kundiger Züchter sie zu Zuchtzwecken auf diese Weise beschafft hat. Die Bevölkerung wird gebeten […]

„Es könnte aber doch sein, dass Jörg die Schafe von dem Dieb gekauft hat." „Er hat gesagt, er hätte sie aus dem Internet. Von der Ostsee." „Glaubst du wirklich, dass die Tiere in Nordhessen gestohlen und dann an der Ostsee verkauft worden sind und das noch über das Internet? Und alles vorige Woche? Ein bisschen komisch, oder?"

„Komisch oder nicht! Zumindest müsste die Polizei davon wissen, denn ganz egal, ob Jörg weiß, woher die Schafe stammen oder nicht: Das hier sind eindeutig die geklauten Tiere."

„Aber wenn Jörg es nun wirklich war? Er ist doch immer so nett zu uns. Wir können ihn doch nicht einfach verpfeifen. Er ist doch unser Nachbar!"

Infos sammeln

Kreuze die richtige Antwort an.

1. Wer ist Jörg?
   - ☐ a) Jörg ist ein Verwandter von Jonathan.
   - ☐ b) Jörg ist ein freundlicher Nachbar von Tabea und Jonathan.
   - ☐ c) Jörg ist Tabeas großer Bruder.

2. Woher hat Jörg seiner eigenen Aussage zufolge die Schafe?
   - ☐ a) Er hat sie über das Internet gekauft. Sie stammen von der Ostsee.
   - ☐ b) Er gibt keine genaue Auskunft darüber, woher die Tiere stammen.
   - ☐ c) Er hat die Tiere von einem Schafzüchter in Nordhessen gekauft.

3. Worin besteht die Auffälligkeit eines Schafes?
   - ☐ a) Es hat einen hellen Fleck an der Seite.
   - ☐ b) An der Schulter ist ihm das Fell geschoren worden.
   - ☐ c) Das Schaf hat ein schwarzbraunes Hinterbein.

Wortschatz

Kreuze die richtige Antwort an.

1. Was bedeutet „überregional“?
   - ☐ a) alles, was das Ausland betrifft
   - ☐ b) über die nähere Umgebung hinausreichend
   - ☐ c) alles, was in einer Stadt oder einer Gemeinde geschieht

2. Was ist ein „Pferch“?
   - ☐ a) ein eingezäuntes Stück Land, auf dem man Tiere hält
   - ☐ b) eine Hühnerfarm
   - ☐ c) eine Gärtnerei, in der nur Gemüse angebaut wird

3. Was bedeutet „scheren“?
   - ☐ a) schnell weglaufen
   - ☐ b) etwas mit der Schere ausschneiden
   - ☐ c) Tieren das Fell kurz schneiden

Verständnis

Kreuze die richtige Antwort an.

1. Tabea spricht von „neuen Nachbarn“. Wen meint sie damit?
   - ☐ a) Sie meint Jörg und seine Freunde.
   - ☐ b) Sie meint die Schafe, die jetzt hinter dem Haus im Pferch sind.
   - ☐ c) Sie meint die netten Jungen, die jetzt in die Nachbarschaft gezogen sind.

2. Was könnte mit den „Markierungen des Eigentümers“ gemeint sein?
   - ☐ a) Damit ist die Hausnummer des Eigentümers gemeint.
   - ☐ b) Darunter versteht man die Automarke eines Autobesitzers.
   - ☐ c) Darunter versteht man das den Eigentümer angebende Kennzeichen im Fell eines Tieres.

3. Welchen Verdacht hat Tabea?
   - ☐ a) Sie hat den Verdacht, dass ein Schäfer aus Nordhessen die Schafe irgendwo gestohlen und dann an Jörg weiterverkauft hat.
   - ☐ b) Sie verdächtigt ihren Nachbarn, die Schafe gestohlen zu haben.
   - ☐ c) Sie hat den Verdacht, dass die Schafe gar keine Rhönschafe sind.

Anwenden

Kreuze die richtige Antwort an.

1. Was meint Jörg damit, wenn er die Schafe als robust bezeichnet?
   - ☐ a) Sie vermehren sich schnell.
   - ☐ b) Sie liefern viel Wolle.
   - ☐ c) Sie sind unempfindlich gegen Kälte und Regen.

2. Warum sagt Jörg erst gar nichts, als Tabea ihn nach den hellen Flecken auf den Schultern der Schafe fragt?
   - ☐ a) Er hat die hellen Flecken noch gar nicht bemerkt.
   - ☐ b) Er will nicht verraten, dass er die Markierungen des rechtmäßigen Besitzers entfernt hat.
   - ☐ c) Er überlegt, ob er Tabea sagen soll, dass er ausprobieren wollte, ob er schon Schafe scheren könne.

3. Wie etwa setzt sich der Satz in der Zeitung fort: „Die Bevölkerung wird gebeten …
   - ☐ a) bei den ansässigen Schäfern nachzufragen, ob sie vier neue Tiere angeboten bekamen."
   - ☐ b) vorerst kein Schaffleisch zu kaufen."
   - ☐ c) der Polizei Hinweise zu geben, wenn die vier beschriebenen Tiere gesehen werden."

Problemstellung

Was könnte einen jungen Mann an der Schafzucht interessieren?

Vorschläge

Wie sollten Tabea und Jonathan handeln, nachdem sie herausgefunden haben, dass ihr Freund die Schafe evtl. gestohlen hat?

Eigene Meinung

Muss man Freunde in jedem Fall schützen?

Thema 7: Saufen bis der Arzt kommt!

„Dominic?"
„Mensch, lass mich in Ruhe!"
„Du bist wohl nicht gut drauf?"
„Siehst du doch, oder!"
„Ist irgendetwas mit dir?"
„Ich habe Kopfschmerzen. Zu viel getrunken."
„Du hast zu viel getrunken?"
„Ja, gestern und vorgestern. Da war Kirmes bei uns."
„Deswegen muss man doch nicht so viel trinken, dass man davon Kopfschmerzen bekommt."
„So war das ja auch erst gar nicht. Das fing gestern damit an, dass die Oberndorfer kamen. Die haben uns ausgelacht, weil wir angeblich nichts vertragen."
„Und das konntet ihr Steinheimer nicht auf euch sitzen lassen, oder wie?!"
„Genau. Wir haben dann ein Wetttrinken veranstaltet."
„Wetttrinken? Das heißt doch neuerdings Komasaufen."
„Ist mir egal, wie es heißt. Jedenfalls sollten diejenigen die Sieger sein, die zuletzt noch stehen können."
„Und wer hat gewonnen?"
„Sag ich nicht!"
„Ist ja gut!"
„Ich habe erst gut mitgehalten. Aber ab einem gewissen Zeitpunkt kann ich mich an nichts mehr erinnern. Da ist der Faden gerissen. Wer mich nach Hause gebracht hat, weiß ich nicht. Mir war total schlecht. Und gekotzt habe ich wie ein Reiher. Mann, habe ich Kopfweh!"
„Und das hat dir alles gefallen?"
„Gefallen? Kotzen und Kopfschmerzen gefallen niemandem. Aber ein richtiger Mann muss doch was vertragen können, oder!"

Mädchen überholen die Jungs im Komasaufen

Im Jahr 2007 wurden erstmals mehr Mädchen als Jungen wegen Alkoholvergiftungen behandelt

„Ladylike" ist es nicht gerade, schwankend und lallend durch die Nacht zu laufen, die Wodkaflasche in der Hand. Oder, schlimmer noch, so stark betrunken zu sein, dass man auf einer Parkbank zusammenbricht und zur Behandlung als Notfall ins nächstgelegene Krankenhaus gebracht werden muss. Vielleicht sind die neuen Zahlen zum Komatrinken bei Jugendlichen, die die Bundesdrogenbeauftragte Sabine Bätzing (SPD) gestern vorstellte, auch deshalb so besonders erschreckend: Im Jahr 2007 waren es erstmals mehr Mädchen als Jungen, die so stark betrunken waren, dass sie eine Behandlung in einer Klinik brauchten.

Fast 2000 Mädchen und 1800 Jungen zwischen 10 und 15 Jahren wurden mit der Diagnose „Akute Alkoholintoxikation" in ein Krankenhaus eingeliefert. Und das, obwohl an diese Altersgruppe nach dem Jugendschutzgesetz überhaupt keine alkoholischen Getränke verkauft werden dürfen. Im Jahr 2006 war mit 1696 Jungen und 1620 Mädchen schon nahezu ein Gleichstand erreicht. Seit dem Jahr 2000 habe sich die Zahl der eingelieferten Mädchen verdoppelt, sagte Bätzing.

Raphael Gassmann, Hauptgeschäftsführer der Hauptstelle für Suchtfragen, hält den „Sündenfall Alkopops" für eine der Ursachen. „Mit ihnen sollte vor allem die Zielgruppe der ganz Jungen und der Frauen erreicht werden." Auch wenn dem politisch inzwischen begegnet wurde, bleibe der – negative – „erzieherische Effekt" der Gewöhnung an den Konsum von alkoholischen Drinks. „Das ist ähnlich wie beim Rauchen, wo die Industrie ebenfalls mit Light-Zigaretten ganz aggressiv um die Zielgruppe Frauen geworben hat."

Unterschiede im Stoffwechsel, aber auch in Größe und Körpergewicht sind die Ursache dafür, dass Mädchen von der gleichen Menge Alkohol schneller betrunken werden als Jungen – und auch dafür, dass sie schneller von einer lebensgefährlichen Alkoholvergiftung bedroht sind. Die biologischen Grundlagen sind gleich geblieben, aber am Konsummuster muss sich in den letzten Jahren etwas verändert haben. [...]

von Adelheid Müller-Lissner

ZEIT ONLINE, 29. Januar 2009

Infos sammeln

Kreuze die richtige Antwort an.

1. Warum ist Dominic nicht gut drauf?
   ☐ a) Er hat Zahnschmerzen.
   ☐ b) Er hat Kopfschmerzen.
   ☐ c) Er ist unglücklich verliebt.

2. Nenne die Ursache von Dominics Kopfschmerzen.
   ☐ a) Er hat zu viele alkoholische Getränke konsumiert.
   ☐ b) Er hat sich bei einem Sturz am Kopf gestoßen.
   ☐ c) Er bekommt manchmal Kopfweh, wenn sich das Wetter ändert.

3. Wie ist Dominic am Abend vorher nach Hause gekommen?
   ☐ a) Ein Freund hat ihn heimgefahren.
   ☐ b) Zwei Bekannte haben ihn nach Hause getragen.
   ☐ c) Er hat keine Ahnung, wer ihn wie nach Hause gebracht hat.

Wortschatz

Kreuze die richtige Antwort an.

1. Was bedeutet Komasaufen?
   ☐ a) Trinken alkoholischer Getränke bis zur Bewusstlosigkeit
   ☐ b) Trinken alkoholischer Getränke bis man anfängt zu singen
   ☐ c) Trinken alkoholischer Getränke bis man nicht mehr laufen kann

2. Was bedeutet „der Faden ist gerissen“?
   ☐ a) Erinnerungsverlust
   ☐ b) Loch in der Hose
   ☐ c) Handy verloren

3. Was bedeutet „akute Alkoholintoxikation“?
   ☐ a) Abscheu vor Alkohol
   ☐ b) Alkoholunverträglichkeit
   ☐ c) Alkoholvergiftung

Verständnis

Kreuze die richtigen Antworten an.

1. Was ist so gefährlich am Komasaufen?
   ☐ a) Das Trinken bis zur Bewusstlosigkeit hat auf den Körper sehr schädliche Folgen und kann sogar zum Tod führen.
   ☐ b) Wenn man sehr viel Alkohol konsumiert, läuft man Gefahr, nicht mehr genug Geld für Markenklamotten übrig zu haben, weil alles Geld für Alkohol ausgegeben wird.
   ☐ c) Man kann sich im bewusstlosen Zustand nicht mehr wehren und ist anderen schutzlos ausgeliefert.

2. Was hat das Jugendschutzgesetz mit dem Trinken Jugendlicher zu tun?
   ☐ a) Es verbietet den Verkauf hochprozentiger alkoholischer Getränke an Jugendliche.
   ☐ b) Es verbietet den Jugendlichen das Trinken alkoholischer Getränke in der Schule.
   ☐ c) Es verbietet den Verkauf jeglicher alkoholischer Getränke an Jugendliche bis zum Alter von 15 Jahren.

3. Warum hat Dominic beim Wetttrinken wohl mitgemacht?
   - ▢ a) Er wollte nicht als Schwächling dastehen, der nichts vertragen kann.
   - ▢ b) Er wollte seinen Spaß haben.
   - ▢ c) Er ist von seinem Onkel dazu überredet worden.

Anwenden

Kreuze die richtigen Antworten an.

1. Warum sind Mädchen schneller betrunken als Jungen?
   - ▢ a) Geringere Körpergröße und geringeres Gewicht lassen Mädchen schneller betrunken werden als Jungen.
   - ▢ b) Die Mädchen sind das Trinken weniger gewöhnt als die Jungen und werden deshalb schneller betrunken.
   - ▢ c) Jungen trinken zum Spaß, während Mädchen trinken, um anderen mit ihrer Trinkfestigkeit zu imponieren.

2. Warum will Dominic nicht sagen, wer das Wetttrinken gewonnen hat?
   - ▢ a) Er hat seinen Freunden versprochen, nicht darüber zu reden.
   - ▢ b) Er redet nicht darüber, weil er nicht will, dass seine Eltern von dem Wetttrinken erfahren.
   - ▢ c) Er kann es gar nicht sagen, weil er das Ende des Wetttrinkens nicht mehr bewusst miterlebt hat.

3. Warum müssen durch Alkoholkonsum bewusstlos gewordene Jungen oder Mädchen sofort vom Krankenwagen in das nächste Krankenhaus gebracht werden?
   - ▢ a) Die Krankenwagen sind am besten dafür ausgerüstet, Bewusstlose zu transportieren und bringen sie zwangsläufig in das nächste Krankenhaus.
   - ▢ b) Eine Alkoholvergiftung ist lebensgefährlich und muss sofort medizinisch behandelt werden.
   - ▢ c) Betrunkene finden nicht allein nach Hause. Da ist es besser, sie schlafen im Krankenhaus ihren Rausch aus.

Problemstellung

Was bringt deiner Meinung nach Mädchen dazu, zu viel Alkohol zu trinken?

Vorschläge

Wie stehst du zu der Forderung einiger Politiker, Alkohol für Jugendliche ganz zu verbieten?

Eigene Meinung

Was hältst du von Dominics Ansicht, ein richtiger Mann müsse „etwas vertragen können“?

Thema 8: Tierliebhaberei oder Quälerei? – Haltung exotischer Tiere

Nach den Weihnachtsferien
„Ja sag mal, Jana, was schleppst du uns denn da ins Haus?"
„Frag lieber, *wen* ich da anschleppe, Mama! Das ist der Papagei von Frau Schaumburg."
„Der Papagei von Frau Schaumburg?"
„Frau Schaumburg ist die alte Dame von schräg gegenüber. Die hatte einen Schlaganfall und muss jetzt ins Pflegeheim. Da kann sie den Papagei natürlich nicht mitnehmen. Ach, guck doch nur, wie süß er ist!"
„Schon, aber was willst du denn jetzt damit?"
„Der Sohn von Frau Schaumburg muss die Wohnung räumen. Bis jetzt hat die Zugehfrau den Papagei noch versorgt. Aber das geht natürlich jetzt nicht mehr. Und da hat er ihn mir geschenkt."
„Wie bitte?"
„Er hat mir den Papagei geschenkt. Du weißt doch, dass ich eine Vogelliebhaberin bin."
„Das bist du schon von klein auf. Aber so ein großes Tier in unserer engen Wohnung?"
„Der Käfig kann doch in meinem Zimmer stehen."
„Also, da müssen wir noch einmal darüber reden."

„Stell dir vor, ich darf den Papagei behalten."
„Hast du deine Mutter doch rumgekriegt?"
„War gar nicht so leicht, aber jetzt hat sie sich damit abgefunden."
„Wo hast du den Käfig denn hingestellt?"
„In mein Zimmer in die Ecke."
„Ist das nicht ziemlich dunkel? In dein Zimmer scheint doch nie die Sonne hinein."
„Ich kann den Käfig ja im Sommer auf den Balkon stellen."
„Lässt er sich denn jetzt von dir anfassen?"
„Nein, immer noch nicht. Wenn ich ihn kraulen will, hackt er nach mir. Aber er muss mich ja auch erst richtig kennenlernen."

Nach den Osterferien
„Na, Jana, wie geht es denn deinem Geflügel?"
„Ach, frag lieber nicht!"
„Warum soll ich nicht fragen?"
„Weil ich nicht weiß, was ich antworten soll."
„Ist etwas mit deinem Papagei?"
„Nein!"
„Jetzt verstehe ich aber gar nichts mehr. Es ist nichts mit deinem Papagei, aber du weißt auch nicht, was du sagen sollst."
„Früher bei Frau Schaumburg, da war der Felix immer munter und hat sogar Worte nachgesprochen, wenn man sie ihm deutlich vorgesagt hat. Jetzt hockt er nur blöd rum, spricht nichts, kommt kaum noch aus dem Käfig herausgeklettert und hackt ständig nach mir. Neuerdings reißt er sich am Hals sogar die Federn aus."
„Was, die schönen bunten Federn?"
„Ja, und dann zerbeißt er sie in lauter kleine Fetzen".
„Komisch! Na ja, vielleicht wird der Papagei jetzt allmählich alt."
„Quatsch! Papageien können doch bis zu hundert Jahre alt werden."
„Ja, was ist denn sonst mit deinem Felix los?"
„Keine Ahnung!"

Vor den Sommerferien
„Jetzt habe ich so lange gewartet, aber der blöde Vogel wird einfach nicht normal."
„Hackt er immer noch mit dem Schnabel nach deiner Hand?"
„Na klar. Und schreien kann der! Das geht durchs ganze Haus. Meine Mutter kann es auch nicht mehr hören."
„Also, wenn du mich fragst …"
„Ja, ich weiß schon, was du sagen willst. Das Vieh nervt mich nur noch. Hätte ich den Papagei bloß nicht genommen. Gerade jetzt, wo es bald Ferien gibt. Ich wollte doch verreisen."
„Mach es doch wie unsere Nachbarn. Die haben ihren Nymphensittich vor dem Urlaub einfach fliegen lassen."

Informationsschrift des Tierschutzvereins:

Papageien sollten niemals als Einzeltiere gehalten werden.

Beim Kauf von Papageien mangelt es oft an fachlich qualifizierter Beratung. Wenn diese intelligenten Tiere von genervten Besitzern dem Tierschutz gebracht werden, ist man dort häufig fassungslos über die Ahnungslosigkeit des Besitzers, der das Tier gekauft hat. Oft haben die Tiere schon eine Wanderschaft von Haushalt zu Haushalt hinter sich. Sie werden als Einzeltiere in eine nicht artgerechte Haltung gezwungen. Plastikvögel und Spiegel ersetzen keinen Partner. Sie sollten grundsätzlich nur als Paare verkauft werden, wenn man sie denn unbedingt halten will. In viel zu engen Käfigen, oft noch am Füßchen angekettet, vegetieren viele Papageien dahin. Sie entwickeln sich zu Dauerschreiern, Rupfern oder werden aggressiv.

Aus Tierschutzgründen muss Folgendes beachtet werden: Vor dem Kauf ist eine fachlich qualifizierte Beratung nötig. Papageien dürfen niemals einzeln gehalten werden. Sie brauchen eine große Voliere mit Möglichkeiten zum Klettern, Außenreize gegen Langeweile sowie geeignetes „Zerstörungsmaterial", um Aggressionsverhalten abbauen zu können. Auch der Aufenthalt auf Terrasse, Balkon und Garten, sowie eine genaue Beachtung von Futterempfehlung und Fressgewohnheiten sind notwendig. Wenn man den Papageien nicht das bieten kann, was sie benötigen, sollte man auf die Haltung verzichten. Sonst macht man sich schuldig an dem Leid dieser Geschöpfe, die sich in ihrer Verzweiflung verstümmeln und rupfen.

Infos sammeln

Kreuze die richtige Antwort an.

1. Warum hat Frau Schaumburg ihren Papagei abgegeben?
   - ☐ a) Sie konnte das laute Geschrei des großen Vogels nicht mehr ertragen.
   - ☐ b) Sie konnte sich das teure Papageienfutter nicht mehr leisten.
   - ☐ c) Sie hat einen Schlaganfall erlitten und musste ins Pflegeheim ziehen, wohin der Papagei nicht mitgebracht werden durfte.

2. Was erfahren die Leser über Janas Zimmer?
   - ☐ a) Janas Zimmer ist ziemlich geräumig.
   - ☐ b) In Janas Zimmer scheint nie die Sonne.
   - ☐ c) Janas Zimmer hat eine sonnige Ecke.

3. Was stellt der Papagei mit den Federn an, die er sich ausgerissen hat?
   - ☐ a) Er zerbeißt sie in kleine Stücke.
   - ☐ b) Er baut damit ein Nest.
   - ☐ c) Er wirft sie aus dem Käfig.

Wortschatz

Kreuze die richtige Antwort an.

1. Was versteht man unter einer Zugehfrau?
   - ☐ a) eine Briefträgerin
   - ☐ b) eine Frau, die anderen im Haushalt hilft
   - ☐ c) eine Verkäuferin, die Ware ins Haus bringt

2. Was ist eine Voliere?
   - ☐ a) ein sehr geräumiger Käfig
   - ☐ b) eine Hundehütte
   - ☐ c) ein Stall mit großen Fenstern

3. Was heißt „dahinvegetieren“?
   - ☐ a) alles im Überfluss haben
   - ☐ b) nur pflanzliche Nahrung zu sich nehmen
   - ☐ c) unter erbärmlichen Bedingungen leben

Verständnis

Kreuze die richtigen Antworten an.

1. Warum haben die Nachbarn von Janas Schulkameradin ihren Nymphensittich vor dem Urlaub wohl fliegen lassen?
   - ☐ a) Er sollte neben dem Auto bis an den Urlaubsort mitfliegen.
   - ☐ b) Sie wollten das Tier einfach los sein.
   - ☐ c) Der Nymphensittich sollte auch einen Urlaub, wenn auch nur im Garten, haben.

2. Warum wohl war der Papagei früher bei Frau Schaumburg munter und gesprächig?
   - ☐ a) Er konnte alte Leute besser leiden als Heranwachsende.
   - ☐ b) Er wurde artgerecht gehalten und hatte ein helles Zimmer und keine Langeweile.
   - ☐ c) Er war vermutlich jünger und verspielter.

3. Wie verhalten sich aufmerksame Tierfreunde?
   - ☐ a) Sie gehen am Elend von Tieren nicht einfach vorüber.
   - ☐ b) Sie verzichten darauf, exotische Tiere als Haustiere zu halten.
   - ☐ c) Sie kraulen jeden Hund und streicheln jede Katze.

Anwenden

Kreuze die richtigen Antworten an.

1. Warum ist der Papagei still und teilnahmslos?
   - ☐ a) Er kann Jana nicht ausstehen.
   - ☐ b) Der Papagei leidet unter nicht artgerechter Haltung.
   - ☐ c) Der Papagei ist einsam und ihm ist langweilig.
2. Wohin hätte der Sohn von Frau Schaumburg den Papagei bringen sollen?
   - ☐ a) Er hätte ihn zum Tierarzt bringen sollen.
   - ☐ b) Er hätte ihn ins Tierheim bringen müssen.
   - ☐ c) Er hätte ihn mit zu sich nach Hause nehmen müssen.
3. Warum sollen Papageien grundsätzlich nur als Paare gekauft werden?
   - ☐ a) Zwei Papageien in einem Käfig sehen schöner aus als einer.
   - ☐ b) Ein Papageienpaar bekommt Nachwuchs, den der Halter teuer verkaufen kann.
   - ☐ c) Wenn Papageien einzeln leben, dann entwickeln sie sich aus Langeweile zu Rupfern oder Schreiern.

Problemstellung

Was bedeutet der Satz: „Tierschutz geht uns alle an.“?

____

____

____

____

Vorschläge

Überlege, welche Möglichkeiten es gibt, um zu kontrollieren, ob Heimtiere gut gehalten und versorgt werden.

____

____

____

____

____

____

____

Eigene Meinung

Sollte der Verkauf von Papageien generell, also ganz allgemein, verboten werden? Begründe deine Meinung.

Thema 9: Fundsache abzugeben – oder doch lieber behalten?

Nach der Sport-AG gingen Julian, Patrick und Arne noch zum Kiosk und kauften sich eine Kugel Eis. Patrick hatte kein Geld dabei, aber Arne spendierte ihm großzügig eine Portion. Dann setzten sie sich im Park auf eine Bank, die zwischen Rhododendron-Büschen stand. Und da entdeckten sie ein dickes Portemonnaie, eine speckig gewordene Geldbörse aus Leder, wie sie ältere Männer oft besitzen. Die Börse lag seitlich neben der Bank im dürren Laub, so als wäre sie ihrem Besitzer, der am Rand der Bank gesessen haben musste, aus der Hosentasche gerutscht. Irgendwie sahen alle drei die Geldbörse gleichzeitig, jedenfalls wusste später keiner mehr, wer sie gefunden hatte.
Julian hatte die Geldbörse zuerst in der Hand. „Lass uns mal gucken, was da drin ist!", forderte Patrick ihn auf.
„Bin doch schon dabei", murmelte Julian aufgeregt und gab ihm seine Eistüte zum Halten. „Guck doch mal, ob da eine Adresse drin ist", schlug Arne vor.
„Adresse weiß ich nicht, aber ziemlich viel Geld." Julian öffnete zuerst das mit einem Druckknopf verschlossene Fach für das Kleingeld.
„Was für eine Menge Altmetall", staunte Arne.
„Mindestens zehn Euro Kleingeld", meinte Patrick. Dann schaute Julian in das Fach für die Geldscheine. Drei Köpfe beugten sich über die Geldbörse. Da steckte wirklich ein Bündel Geldscheine drin. Sogar einige Hunderter waren dabei.
„Mann!", staunten alle. „Das muss aber ein reicher Typ gewesen sein."
„Lasst uns hier verschwinden." Julian steckte das Bündel Scheine wieder in die Geldbörse und stopfte sie in seine Jackentasche. Dann nahm er seine Eistüte von Patrick zurück. Eifrig leckend verließen die drei die Parkbank zwischen den Büschen. Ihr Ziel war der Springbrunnen in der Einkaufsmeile. Rund um den Brunnen gab es viele Sitzgelegenheiten. Dort setzten sie sich auf eine etwas abseits stehende Bank. Während Julian und Patrick das Geld zählten, durchstöberte Arne alle Fächer der Geldbörse, ob dort vielleicht eine Anschrift zu finden sei. Dem war aber nicht so.
„870 Euro in Scheinen", stellte Patrick fest. „Soviel Geld habe ich noch nie auf einmal gesehen."
„Was machen wir denn jetzt damit?", fragte Julian.
„Unter uns aufteilen", schlug Patrick vor.
„Mensch, das können wir doch nicht machen", gab Arne zu bedenken. „Wir müssen das Geld zum Fundbüro bringen."
„Ich glaub', du spinnst!", sagte Patrick. „Wenn der Alte nicht auf sein Geld aufpassen kann, dann ist er selbst schuld."
„Aber wir kriegen doch dann Finderlohn", beharrte Arne.
„Pah, das bisschen Finderlohn!", meinte Patrick. „Da behalten wir doch lieber das Geld. Es braucht ja niemand zu wissen, woher wir es haben."
„Ja", überlegte Julian, „wenn man bedenkt, was man sich dafür alles kaufen könnte!"
„Fast dreihundert für jeden von uns", sagte Patrick. „Das ist ein hübsches Sümmchen."
„Trotzdem, ich finde, wir sollten das Geld abgeben. Vielleicht braucht der Besitzer es dringend", meinte Arne."
„Na, wer so viel Geld in der Hosentasche herumschleppt, der hat bestimmt mehr als genug davon", fand Julian. „Dem fehlt das bisschen hier garantiert nicht."
„Ich weiß nicht ..." sagte Arne noch.
„Ach, jetzt hör auf! Wir gehen jetzt noch einmal richtig Eis essen. Das Kleingeld aus dem Portemonnaie reicht für drei dicke Eisbecher."
Kurze Zeit später saßen alle drei in der Eisdiele und löffelten an ihren Eisbomben. Julian und Patrick strahlten. Arne machte eher ein missmutiges Gesicht.
„Mir schmeckt das Eis irgendwie nicht", sagte er.
„Mensch, Arne, man muss die Feste doch feiern, wie sie fallen", lachte Patrick. Arne schluckte. Ihm war gar nicht feierlich zumute.

Bürgerliches Gesetzbuch (BGB)

§ 971 Finderlohn

(1) Der Finder kann von dem Empfangsberechtigten einen Finderlohn verlangen. Der Finderlohn beträgt von dem Wert der Sache bis zu 500 Euro fünf vom Hundert, von dem Mehrwert drei vom Hundert, bei Tieren drei vom Hundert. Hat die Sache nur für den Empfangsberechtigten einen Wert, so ist der Finderlohn nach billigem Ermessen zu bestimmen.

(2) Der Anspruch ist ausgeschlossen, wenn der Finder die Anzeigepflicht verletzt oder den Fund auf Nachfrage verheimlicht.

§ 965 Anzeigepflicht des Finders

(1) Wer eine verlorene Sache findet und an sich nimmt, hat dem Verlierer oder dem Eigentümer oder einem sonstigen Empfangsberechtigten unverzüglich Anzeige zu machen.

(2) Kennt der Finder die Empfangsberechtigten nicht oder ist ihm ihr Aufenthalt unbekannt, so hat er den Fund und die Umstände, welche für die Ermittlung der Empfangsberechtigten erheblich sein können, unverzüglich der zuständigen Behörde anzuzeigen.
Ist die Sache nicht mehr als 10 Euro wert, so bedarf es der Anzeige nicht.

§ 973 Eigentumserwerb des Finders

(1) Mit dem Ablauf von sechs Monaten nach der Anzeige des Fundes bei der zuständigen Behörde erwirbt der Finder das Eigentum an der Sache, es sei denn, dass vorher ein Empfangsberechtigter dem Finder bekannt geworden ist oder sein Recht bei der zuständigen Behörde angemeldet hat. Mit dem Erwerb des Eigentums erlöschen die sonstigen Rechte an der Sache.

(2) Ist die Sache nicht mehr als 10 Euro wert, so beginnt die sechsmonatige Frist mit dem Fund. Der Finder erwirbt das Eigentum nicht, wenn er den Fund auf Nachfrage verheimlicht. [...]

Infos sammeln

Kreuze die richtige Antwort an.

1. Wo befand sich der Geldbeutel?
   - ☐ a) Er lag im dürren Laub neben einer Parkbank.
   - ☐ b) Er lag vor dem Eiskiosk.
   - ☐ c) Er lag im Umkleideraum der Sporthalle.

2. Wie sah der Geldbeutel aus?
   - ☐ a) Er war mit Goldstickerei verziert.
   - ☐ b) Er war aus Jeans-Stoff hergestellt.
   - ☐ c) Er bestand aus speckig glänzendem Leder.

3. Wie hoch ist der Finderlohn nach dem BGB (Bürgerlichen Gesetzbuch)?
   - ☐ a) Er beträgt 5 Prozent bei einem Wert bis 500 Euro.
   - ☐ b) Er beträgt 50 Prozent bei einem Wert bis 500 Euro.
   - ☐ c) Er beträgt 3 Prozent bei einem Wert bis 100 Euro.

Wortschatz

Kreuze die richtige Antwort an.

1. Was ist mit „Empfangsberechtigter“ gemeint?
   - ☐ a) der Finder des Gegenstandes
   - ☐ b) das Fundbüro
   - ☐ c) der Verlierer des Gegenstandes

2. Was bedeutet „fünf vom Hundert“?
   - ☐ a) Das bedeutet 5 Euro.
   - ☐ b) Das bedeutet „fünf Prozent“.
   - ☐ c) Damit sind 50 Euro gemeint.

3. Was bedeutet in diesem Zusammenhang „nach billigem Ermessen“?
   - ☐ a) Das bedeutet, dass man nur wenig Finderlohn bekommt.
   - ☐ b) Der Eigentümer der Sache braucht überhaupt keinen Finderlohn zu geben.
   - ☐ c) Finder und Eigentümer einigen sich über die Höhe des Finderlohns.

Verständnis

Kreuze die richtige Antwort an.

1. Warum durchsuchte Arne das Portemonnaie?
   - ☐ a) Er wollte nach verstecktem Geld suchen.
   - ☐ b) Er wollte eine Adresse finden.
   - ☐ c) Er wollte Geheimfächer aufspüren.

2. Warum hielt Patrick den Eigentümer der Geldbörse für einen reichen Mann?
   - ☐ a) Die Geldbörse war sehr kostbar gearbeitet.
   - ☐ b) Nur reiche Leute haben überhaupt Zeit, sich auf eine Parkbank zu setzen und nichts zu tun.
   - ☐ c) Die Geldbörse enthielt sehr viel Geld.

3. Warum schmeckte Arne das Eis nicht?
   - ☐ a) Er hatte ein schlechtes Gewissen.
   - ☐ b) Er war von der Kugel Eis, die er vorher gegessen hatte, bereits satt.
   - ☐ c) Er hatte den falschen Eisbecher bestellt.

Anwenden

Kreuze die richtige Antwort an.

1. Wann gehört dem Finder die gefundene Sache, wenn deren Wert 10 Euro übersteigt?
   ☐ a) Sie gehört ihm sechs Monate nachdem er den Fund gemacht hat.
   ☐ b) Sie gehört ihm sechs Monate nachdem er den Fund beim Fundbüro angezeigt hat.
   ☐ c) Sie gehört ihm nach einem Jahr.

2. Welche Gegenstände braucht der Finder nicht beim Fundbüro anzuzeigen?
   ☐ a) Gegenstände, die schmutzig oder unansehnlich sind
   ☐ b) Gegenstände, deren Wert bis zu 10 Euro beträgt
   ☐ c) Gegenstände, die er nicht kennt

3. Was geschieht, wenn sich jemand sieben Monate nach dem Verlieren einer Sache im Fundbüro als Besitzer meldet, der Finder aber die verlorene Sache schon vom Fundbüro als Eigentum übergeben bekommen hat?
   ☐ a) Der Verlierer hat keinerlei Ansprüche mehr.
   ☐ b) Der Finder muss den Gegenstand an den Verlierer herausgeben.
   ☐ c) Der Verlierer muss bei Gericht auf Herausgabe des gefundenen Gegenstandes klagen.

Problemstellung

Beurteile das Verhalten von Julian und Patrick. Begründe deine Ansicht.

Vorschläge

Wie ist das Verhalten von Arne zu verstehen? Wie hätte er gehandelt, wenn er die Geldbörse allein gefunden hätte?

Eigene Meinung

Findest du die gesetzlich vorgeschriebene Höhe des Finderlohnes angemessen? Begründe deine Meinung.

Thema 10: Japans Superhelden in Europa: Manga-Boom in Deutschland

„Manga" setzt sich zusammen aus den japanischen Worten „man" für „spontan" und „ga" für „Bild" und hat seine Ursprünge in illustrierten Bildrollen. Solche Bildrollen, auf die vor allem Abbildungen von lustigen Tieren und Vögeln gemalt wurden, waren bereits im 12. Jahrhundert bekannt. Später kamen regelmäßige Bildfolgen als eine Vorform der heutigen Mangas, die stets eine ganze Geschichte erzählen, auf.

In den 20er Jahren des letzten Jahrhunderts wurde durch den amerikanischen Comicstrip ein weiterer Einfluss auf die Manga-Entwicklung ausgeübt. 1947 erschien das erste rein japanische Comic-Magazin mit dem Namen „Manga Shonen", das als Ursprung der heute vielfältigen und sehr auflagenstarken Comic-Kultur in Japan gelten kann.

Zu den gezeichneten Comicheften und -büchern kamen schließlich auch bewegte Bilder, der Zeichentrickfilm, hinzu. Auch hier lässt sich eine große Anzahl in sehr unterschiedlicher Qualität – von der einfachen Heidi-Fernsehserie bis hin zu künstlerisch anspruchsvollen Kinofilmen wie zum Beispiel „Prinzessin Mononoke" – finden. Das englische Wort für „bewegt", „animated", ist der Ursprung der für diese Filme benutzten Bezeichnung „Anime".

Viele Leute waren Manga-Fans, noch ehe sie überhaupt etwas von dieser japanischen Comic-Kunst wussten. Die stark vereinfachten Zeichentrickfiguren mit den großen, ausdrucksvollen Augen und Mündern, die uns in Form von „Heidi", „Sindbad", „Captain Future" und „Kimba, der weiße Löwe" über lange Jahre hinweg begegneten, unterschieden sich vom Stil her stark von den Disney-Figuren, den Superheldencomics und anderen Comiczeichnungen.

Obwohl die Geschichte von „Heidi" in den Bergen der Schweiz spielt, hatte der Zeichentrickfilm seine Wurzeln ganz woanders – er wurde weit weg in den Studios Ghibli in Japan produziert. Heutige Manga-Filme heißen „Dragonball Z" und „Sailor Moon" oder „Pokémon".

Während in anderen europäischen Ländern, wie Italien und Spanien, bereits seit etwa 1985 Mangas immer beliebter wurden, konnten sie in Deutschland erst um 1990 dauerhaft Fuß fassen. Die erste auf Deutsch erschienene vollständige Serie war „Akira" (ab 1991). Sie war auf westliche Leserichtung gespiegelt, also von links nach rechts – nicht wie die japanische Leserichtung von rechts nach links – und auf Albenformat vergrößert. Die erste in japanischer Leserichtung belassene deutschsprachige Veröffentlichung, die dreibändige Serie „Genji Monogatari Asakiyumemishi", erschien bereits 1992 im Okawa-Verlag. Der endgültige Durchbruch für ungespiegelte Mangas kam aber erst Ende 1996 mit der Serie „Dragonball" des Carlsen-Verlages.

Die Entwicklung des Manga-Booms in Deutschland lässt sich auch an den Umsatzzahlen des Carlsen-Verlages ablesen. Wurden vom Verlag 1995 noch für knapp 400 000 Euro Mangas verkauft, lag sein Manga-Umsatz im Jahr 2000 bereits bei über vier Millionen Euro und im Jahr 2002 bei 16 Millionen Euro.

Prinzessin Mononoke

Ashitaka, einem Prinz des fast ausgestorbenen Volkes der Emishi im Norden Japans, wird bei der Verteidigung seines Dorfes von einem Dämon schwer verwundet. Er macht sich daraufhin auf die Suche nach einem sagenhaften Waldgott in Hirschgestalt. Den Überlieferungen zufolge soll nur dieser in der Lage sein, Ashitakas Wunde zu heilen. Die Suche führt ihn in einen Wald, in dem das Waisenmädchen San zusammen mit einem Rudel riesiger Wölfe lebt und sich gegen das Vordringen der Menschen zur Wehr setzt, die in der nahe gelegenen Stadt Tatara Ba eine Eisenhütte betreiben. Die Gegenspielerin des „Prinzessin Mononoke" genannten Wolfsmädchens ist Lady Eboshi, die als Chefin der Eisengießer den Wald für die Verhüttung roden und in der Erde nach Bodenschätzen graben lässt.

Unter der Führung der strengen Herrin Eboshi liefern sich die Menschen, die das Eisen für ihre neuartigen Feuerwaffen benötigen, blutige Auseinandersetzungen mit den zornigen Wolfs- und Wildschweingöttern des angrenzenden Waldes. Ashitaka, der sich in San verliebt hat, versucht vergeblich, zwischen den verfeindeten Parteien Frieden zu stiften. Er gerät zwischen die Fronten und erfährt, dass der Dämon, der ihn verletzt hat, selbst ein schwer verwundeter Waldgott war. Als eine Armee von erzürnten Waldtieren einen letzten Großangriff auf die Menschen wagt und Ashitaka den mächtigen Waldgott endlich gefunden hat, tauchen kaiserliche Jäger auf, die den göttlichen Hirsch erlegen. Als Leben spendende Trophäe stehlen sie seinen Kopf. Der immer noch lebendige Rumpf des Waldherren zerstört daraufhin alles Leben im Wald, bis es Ashitaka und San gelingt, den geraubten Kopf zurückzuholen. Fast alle Waldgötter und Menschen sind tot, die Eisenstadt ist zerstört, doch der Hirschgott hat mit letzter Kraft Ashitakas Wunde geheilt. Die Eisengießer geloben, von nun an in Frieden mit den Waldtieren zu leben. Ashitaka bleibt bei ihnen und San kehrt mit den letzten Wölfen in den Wald zurück.

Infos sammeln

Kreuze die richtige Antwort an.

1. Wie hieß der erste in Japan erschienene Comic-Strip, der als Ursprung späterer Mangas gilt?
   - ☐ a) Er hieß „Prinzessin Mononoke“ und erschien 1996.
   - ☐ b) Er hieß „Manga Shonen“ und erschien 1947.
   - ☐ c) Er hieß „Heidi“ und erschien 1986.

2. Welche Besonderheit haben Manga-Figuren?
   - ☐ a) Sie sind an den großen Augen und Mündern zu erkennen.
   - ☐ b) Sie sind auffällig bunt.
   - ☐ c) Sie haben immer große Hände.

3. Wo wurde der Film „Heidi“, der überwiegend in den Schweizer Bergen spielt, produziert?
   - ☐ a) Er wurde in Deutschland produziert.
   - ☐ b) Er wurde in den Disney-Studios hergestellt.
   - ☐ c) Er entstand in Japan.

Wortschatz

Kreuze die richtige Antwort an.

1. Was versteht man unter einem Comic oder einem Comic-Strip?
   - ☐ a) eine Bildgeschichte, bei der die handelnden Figuren gezeichnet sind
   - ☐ b) ein lustiges Theaterstück
   - ☐ c) einen Himmelskörper mit einem langen Schweif

2. Was ist ein Dämon?
   - ☐ a) ein in Ostasien lebendes wolfsähnliches Wildtier
   - ☐ b) ein Angehöriger eines ausgestorbenen Volkes
   - ☐ c) ein mächtiger, meist böser Geist aus dem Reich der Fantasie

3. Was ist eine Eisenhütte?
   - ☐ a) ein mit Eisenplatten gepanzertes Wohnhaus
   - ☐ b) eine Anlage zur Gewinnung von Eisen durch das Schmelzen von Eisenerz
   - ☐ c) eine Fabrikanlage, in der Eisenbahnen gebaut werden

Verständnis

Kreuze die richtige Antwort an.

1. Warum wehrt sich San mit ihren Wölfen gegen das Vordringen der Menschen?
   - ☐ a) Die Menschen wollen San und die Wölfe töten.
   - ☐ b) San ist auf der Flucht und hat Angst, von den Menschen entdeckt zu werden.
   - ☐ c) Die Menschen wollen den Wald als Lebensraum von San und den Wölfen vernichten.

2. Warum macht Ashitaka sich auf den Weg in Sans Wald?
   - ☐ a) Er sucht den sagenhaften Hirschgott, der seine Wunde heilen kann.
   - ☐ b) Er hat von der schönen San gehört und möchte sie kennenlernen.
   - ☐ c) Er will sich die berühmte Eisenhütte von Tatara Ba ansehen.

3. Warum stehlen die kaiserlichen Soldaten den Kopf des Hirschgottes als Trophäe?
   - ☐ a) Sie wollen damit zeigen, dass der Hirschgott wirklich besiegt ist.
   - ☐ b) Sie wollen sich daraus eine Suppe kochen.
   - ☐ c) Der Kopf des Hirschgottes gilt als Leben spendend.

Anwenden

Kreuze die richtigen Antworten an.

1. Welcher Konflikt wird in dem Film „Prinzessin Mononoke“ angesprochen?
   - ☐ a) Thema des Films ist der Konflikt zwischen der industriellen Welt der Menschen und der Zerstörung der unberührten Natur durch die Menschen.
   - ☐ b) Thema des Films ist die Frage, wie dauerhaft Frieden unter den Menschen hergestellt werden kann.
   - ☐ c) Thema ist der Unterschied zwischen reich und arm.

2. Was geschieht mit den Mangas, wenn sie auf westliche Leserichtung, also von links nach rechts, gespiegelt werden?
   - ☐ a) Die Gesichter der Figuren verändern sich.
   - ☐ b) Alle Figuren sind dann Linkshänder geworden.
   - ☐ c) Alle Fahrzeuge scheinen rückwärts zu fahren.

3. Warum sind Comics – und damit auch Mangas – sehr beliebt?
   - ☐ a) Die Bilder der Comics sind bunt und ausdrucksstark.
   - ☐ b) Sie sind für wenig Geld zu haben.
   - ☐ c) Man versteht die Handlung allein durch die Bilder und braucht nur wenig zu lesen.

Problemstellung

Manche Literaturforscher befürchten, dass das Lesen von Comics bei Kindern und Jugendlichen die Bereitschaft zum Lesen unbebilderter Bücher zerstört.
Überlege, ob das auch bei dir zutreffen könnte.

Vorschläge

Warum sind die Fantasiewelten der Mangas bei Kindern und Jugendlichen so beliebt?

Eigene Meinung

Versuche zu ergründen, warum Manga-Comics sich in Deutschland plötzlich einer so großen Beliebtheit erfreuen.

Thema 11: Rauchen ist cool – und verdammt tödlich!

„Herr Winter, wenn wir dann auf der Klassenfahrt sind, dann dürfen wir doch auch rauchen, oder?" Ganz ernst gemeint ist die Frage natürlich nicht, aber so ein bisschen ausgetestet werden soll der Lehrer schon. „Ich verstehe die Frage nicht", lacht Herr Winter. „Das allgemeine Rauchverbot erstreckt sich meinem Verständnis nach auch auf Klassenfahrten."
„Schon", wird weiter gebohrt, „aber etwas Privatleben ist doch auch dabei. Und im Privatleben darf doch geraucht werden." „Das ist richtig, aber doch nur von Leuten, die volljährig sind. Meines Wissens dauert das bei den meisten von euch noch mindestens fünf Jahre."
„Haben Sie denn nie geraucht, Herr Winter?"
„Doch, schon!" „Aber jetzt rauchen Sie nicht mehr. Sie gehen nie vor das Gebäude, wo die anderen Lehrer rauchen."
„Stimmt. Ich rauche schon lange nicht mehr." – „Aber Sie haben mal geraucht?" – „Ja, das habe ich doch schon bestätigt." – „Und warum rauchen Sie jetzt nicht mehr? Warum haben Sie damit aufgehört?" – „Ach du liebe Zeit, das ist eine längere und auch sehr traurige Geschichte." – „Erzählen Sie sie trotzdem?" – „ Ich weiß nicht so recht, es ist nicht besonders angenehm, darüber zu reden. Außerdem macht es mich bis heute traurig, obwohl alles schon lange her ist." – „Bitte erzählen Sie!" – „Also gut, aber seid mir nicht böse, wenn es richtig unangenehm wird.
Als ich das erlebte, was ich euch jetzt erzähle, war ich noch kein Lehrer. Damals war ich gerade aus der Schule gekommen und bin Krankenpfleger in einer großen Universitätsklinik, also einem großen Krankenhaus, geworden. Krankenpfleger sind die männlichen Krankenschwestern, also Männer, die die Patienten im Krankenhaus versorgen und pflegen.
Nachts dürfen die Patienten natürlich auch nicht alleine sein. Und ich hatte immer Nachtdienst. Von abends um 20.00 Uhr bis morgens um 6.00 Uhr." – „Da konnten Sie ja nie mal weggehen, ins Kino oder zu Freunden." – „Ja, das ist so, wenn man diesen Beruf ausübt." – „Und das hat Ihnen nichts ausgemacht?" – „Darüber denkt man dann gar nicht nach. Ich hatte eben zwanzig Nächte hintereinander Dienst, Schluss aus. Und da gab es Nächte, in denen man ständig auf den Beinen sein musste, weil jemand frisch operiert war und überwacht werden musste oder weil Verletzte eingeliefert wurden. Da waren die zehn Stunden Dienst im Handumdrehen vorbei. Es gab aber auch Nächte, in denen alle Patienten ruhig schliefen. Da dauerten die Nächte dann sehr lange. Und da habe ich mir das Rauchen so richtig angewöhnt. Dann geht die Zeit schneller vorbei, habe ich mir gesagt. Und als ich dann ein richtiger Raucher geworden war und nicht mehr ohne Zigaretten auskam, da erlebte ich diese zwanzig Nächte, die ich nie vergessen werde. Es waren damals drei Patienten auf meiner Station, die an Lungenkrebs erkrankt waren. Sie waren alle zwischen dreißig und vierzig. Alle drei waren Kettenraucher gewesen, alle drei waren verheiratet und hatten kleine Kinder. Alle drei waren operiert worden. Alle sagten: Am besten hätte ich mit dem Rauchen gar nicht angefangen. Aber das war jetzt zu spät. Alle drei sind elend gestorben. Ich war dabei, bei allen dreien. Ich habe die ganze Nacht bei jedem das schwarze Blut vom Mund gewischt, das erst beim Husten, später bei jedem Atemzug hochkam. Und ich habe zugesehen, wie kläglich die jungen Männer erstickt sind. Und wie der Körper sich gewehrt hat gegen das Sterben. Und ganz schlimm war es auch, die weinenden Frauen und Kinder zu sehen. Als der dritte meiner Patienten gestorben war, habe ich mein angebrochenes Zigarettenpäckchen genommen, habe jede Zigarette einzeln zwischen den Fingern zerbröselt und habe gesagt: Ich will alles tun, damit ich nicht auch so sterben muss. Von jetzt an rühre ich keine Zigarette mehr an. Damit ist jetzt Schluss!
Jetzt sagt ihr gar nichts mehr. Aber ich sehe euch an, dass ihr mich fragen wollt, ob ich meinen Vorsatz eingehalten habe. Ganz stolz kann ich diese Frage mit ‚ja' beantworten. Ich habe seitdem nie mehr eine Zigarette rauchen wollen."

Die Nikotinsucht

Rund 24 Millionen Deutsche greifen täglich zum Glimmstängel. 80 Prozent aller Raucher versuchen mindestens einmal im Leben, mit dem Rauchen aufzuhören. Nur ein bis fünf Prozent schaffen es. Der Grund ist folgender: Nikotin, eine Substanz aus der Tabakpflanze, die Christoph Kolumbus 1493 nach Europa einführte, gehört zu den Substanzen, die sehr schnell süchtig machen.
Besonders interessant sind die Ergebnisse aktueller Forschungen zur körperlichen Abhängigkeit von Nikotin. Sie zeigen, dass Tabakkonsumenten nicht einfach der „Macht der Gewohnheit" verfallen sind, sondern auch körperlich abhängig sind. Zwar folgt auf exzessiven Tabakkonsum kein Rauschzustand wie etwa beim Trinken von Alkohol, aber das Nikotin hat trotzdem einen entscheidenden Einfluss auf die Stoffwechselvorgänge im Gehirn.
Die gute Nachricht: Raucher haben ein geringeres Risiko, an Altersdemenz zu erkranken.
Die schlechte Nachricht: Raucher haben eine geringere Lebenserwartung als Nichtraucher.
Allein die durch Rauchen verursachten Lungenkrankheiten gehören zu den zehn häufigsten Todesursachen weltweit. Dazu zählen chronische Bronchitis und Lungenkrebs.
Mit dem Rauchen werden auch zahlreiche andere Krebsarten in Verbindung gebracht, wie etwa Zungen- und Mundhöhlenkrebs, Speiseröhrenkrebs, Blasenkrebs, Magen- und Darmkrebs.
In Deutschland sterben pro Jahr etwa 40.000 Menschen an Lungenkrebs.
Anfangs lassen Neugier oder der Wunsch, zur Gruppe zu gehören, die Jugendlichen zur Zigarette greifen. Das durchschnittliche Einstiegsalter liegt derzeit bei 11 bis 13 Jahren. Später wird der Griff zur Zigarette in vielen Situationen zur Selbstverständlichkeit. Man raucht gegen Stress, aus Langeweile, zur Anregung, als Genuss, zur Ablenkung, aus reiner Gewohnheit oder um das Gewicht zu halten. Diese Alltäglichkeit des Rauchens und die Entzugserscheinungen, die auftreten, sobald man kein neues Nikotin mehr zuführt, erschweren es, mit dem Rauchen aufzuhören.
Allerdings verändert das Nikotin die Persönlichkeit des Rauchers nicht; hierin liegt ein entscheidender Unterschied zu Alkohol- und Drogensucht.

Suchtzeichen des Rauchens:

- Starkes Verlangen oder Zwang, zu rauchen
- Häufiger erfolgloser Wunsch, das Rauchen aufzugeben oder einzuschränken
- Rückfälle nach Entzugsversuchen
- Verlust an Kontrolle bezüglich Rauchmenge und -zeiten
- Weiterrauchen trotz des Auftretens belastender Auswirkungen (Raucherhusten, Kopfschmerzen, Durchblutungsstörungen)
- Auftreten körperlicher Entzugserscheinungen bei „Rauchpausen", wie z. B. bei Krankheit
- Bewusstes Rauchen, um gegen Entzugserscheinungen anzukämpfen
- Festhalten am Rauchen, obwohl schädliche Folgen bereits auftreten

Infos sammeln

Kreuze die richtige Antwort an.

1. In welchem Zusammenhang fragen die Schüler, ob sie rauchen dürfen?
   - ☐ a) Sie wollen in der großen Pause rauchen.
   - ☐ b) Sie möchten während der Klassenfahrt rauchen.
   - ☐ c) Sie wollen vor dem Gebäude eine Raucherecke haben.

2. Was unterscheidet Nikotin von anderen Substanzen?
   - ☐ a) Nikotin ist eine der Substanzen, die besonders schnell abhängig macht.
   - ☐ b) Nikotin verursacht als einzige Substanz schneeweißen Rauch.
   - ☐ c) Nikotin bewirkt einen besonderen Rauschzustand.

3. Wie hoch ist das derzeitige Einstiegsalter für das Rauchen von Zigaretten?
   - ☐ a) Die meisten rauchen ihre erste Zigarette mit etwa 15 Jahren.
   - ☐ b) Das ist unterschiedlich: Das Einstiegsalter liegt zwischen 18 und 20 Jahren.
   - ☐ c) Das Einstiegsalter liegt zwischen 11 und 13 Jahren.

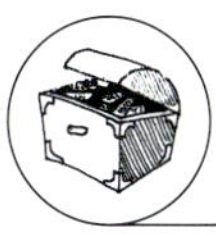

Wortschatz

Kreuze die richtige Antwort an.

1. Was versteht man unter „Glimmstängel“?
   - ☐ a) eine Silvesterrakete
   - ☐ b) eine Zigarre
   - ☐ c) eine Zigarette

2. Was ist „Altersdemenz“?
   - ☐ a) Verlust der Fähigkeit, sich alleine fortzubewegen
   - ☐ b) Schrittweiser Verlust des Denk- und Beurteilungsvermögens
   - ☐ c) Verlust der Fähigkeit zu sprechen

3. Was sind „Kettenraucher“?
   - ☐ a) Leute, die von anderen Zigaretten erbetteln
   - ☐ b) Menschen, die nur in der Gruppe rauchen
   - ☐ c) Menschen, die eine Zigarette nach der anderen rauchen

Verständnis

Kreuze die richtigen Antworten an.

1. Woran kann man Nikotinsüchtige erkennen?
   - ☐ a) Die Haare von Rauchern ergrauen schneller.
   - ☐ b) Es gibt Suchtzeichen bei Rauchern, wie z. B. Rauchzwang und Raucherhusten.
   - ☐ c) Raucher werden nervös, wenn sie länger keine Zigarette rauchen können.

2. Warum hat sich Herr Winter das Rauchen angewöhnt?
   - ☐ a) Er wollte damit langweilige Dienstnächte besser überstehen.
   - ☐ b) Er wollte für voll genommen werden und zeigen, dass er erwachsen ist.
   - ☐ c) Er wollte etwas gegen das nächtliche Hungergefühl tun.

3. Was passierte mit den drei Lungenkrebs-Patienten, von denen Herr Winter erzählt?
   - ☐ a) Sie sind alle wieder gesund geworden.
   - ☐ b) Alle drei sind zuletzt an Bluthusten erstickt.
   - ☐ c) Alle drei hinterließen Kinder und Ehefrauen.

Anwenden

Kreuze die richtigen Antworten an.

1. Warum ist es so schwer, mit dem Rauchen aufzuhören?
   - ☐ a) Das Rauchen ist nach einer Zeit ein fester Bestandteil des Tagesablaufes.
   - ☐ b) Rauchen verändert die Persönlichkeit eines Menschen.
   - ☐ c) Rauchen ist eine Sucht, will man damit aufhören, ist das häufig mit körperlichen Beschwerden verbunden.

2. Worin liegen die echten Nachteile des Nachtdienstes?
   - ☐ a) Man kann nicht mehr richtig am Tagesgeschehen teilnehmen.
   - ☐ b) Man sieht die Sonne gar nicht, was sich negativ auf das körperliche und seelische Empfinden auswirkt.
   - ☐ c) Man kann abends nicht ins Kino oder in ein Konzert gehen.

3. Warum hat Herr Winter seine letzten Zigaretten zerbröselt?
   - ☐ a) Er tat es aus Wut und Trauer, weil seine Patienten gestorben waren.
   - ☐ b) Er wollte nie wieder rauchen, um nicht auch so elend zu sterben wie die drei jungen Männer.
   - ☐ c) Er hatte Lust auf eine andere Zigarettenmarke und zerbröselte deshalb seine Zigaretten.

Problemstellung

Warum verharmlosen Raucher ihre Nikotinsucht häufig?

Vorschläge

Nicht jeder Raucher erlebt so einen Schock wie Herr Winter. Was könnte man tun, um Raucher auf die Gefahren ihrer Sucht hinzuweisen?

Eigene Meinung

Wie könntest du einem Raucher (z. B. einem Freund oder einer Freundin) helfen, das Rauchen aufzugeben?

Thema 12: Ladendiebstahl – nur die Doofen lassen sich dabei erwischen!

„Klar kannst du bei uns mitmischen“, sagt Matze zu Benjamin. „Wir geben jedem eine Chance. Aber du musst erst eine Prüfung bestehen!“
„Und wie soll diese Prüfung aussehen?“
„Lass dich überraschen! Das wird ein Knaller!“

„Auch wenn die gestohlene CD nur 7,95 € kostet, kannst du nicht leugnen, dass du sie gestohlen hast“, sagt der Ladendetektiv zu Benjamin. „Ich werde jetzt die Polizei rufen und Anzeige erstatten.“
„Bitte nicht die Polizei. Ich bin doch kein Verbrecher.“
„Da kann ich leider nicht anders. Das ist nun einmal Vorschrift bei Ladendiebstahl. Ich muss dich der Polizei übergeben. Auf der Polizeiwache wird dann alles Weitere geregelt.“

„Deine Personalien habe ich festgestellt und überprüft. Ich will dir glauben, dass es dein erster Ladendiebstahl war. Trotzdem muss ich deine Eltern jetzt informieren“, sagt der junge Polizeikommissar zu Benjamin. „Sagst du mir eure Telefonnummer freiwillig oder muss ich sie heraussuchen lassen?“
„Bitte nicht meine Eltern. Da kriege ich Ärger ohne Ende. Bitte keine Eltern! Mein Vater … oh Mann, das gibt richtig Zoff!“
„Das kann ich mir vorstellen. Aber ich bin verpflichtet, deine Erziehungsberechtigten zu informieren. Die sind für dich verantwortlich, bis du volljährig bist.“

„Liebe Zeit, ich bezahle die lumpigen 7,95 € für meinen Sohn. Dann können wir die Sache doch vergessen“, sagt Benjamins Vater zu dem jungen Polizeikommissar.
„Das ist so einfach nicht mehr zu regeln. Schließlich liegt eine Anzeige des geschädigten Ladenbesitzers vor. Ladendiebstahl ist kein Spaß. Die Anzeige muss jetzt an die Staatsanwaltschaft weitergeleitet werden. Ob es dann zu einer Gerichtsverhandlung kommt, kann ich nicht sagen.“
„Auch das noch! Benjamin ist doch kein Krimineller.“
„Dummerweise hat er sich einer kriminellen Handlung schuldig gemacht.“
„Er ist doch noch ein Jugendlicher. Da muss man doch nicht alles so eng sehen.“
„Sicherlich! – Nun haben Sie mir eben das Stichwort gegeben. Da Ihr Sohn noch nicht volljährig ist, muss auch das Jugendamt informiert werden.“
„Was hat denn das Jugendamt damit zu tun?“
„Das ist der normale Rechtsweg. Bei Ladendiebstahl ist das Jugendamt einzuschalten.“
„Nun machen Sie mal aus einer Mücke keinen Elefanten! Wir sind doch keine Leute, die sich nicht um ihre Kinder kümmern. Jetzt kommen Sie mal auf den Boden der Tatsachen zurück, junger Mann!“
„Ich kann verstehen, dass Sie jetzt ärgerlich werden. Ich komme auf den Boden der Tatsachen zurück, wie Sie wünschen. Und Tatsache ist nun mal – Ihr Sohn hat gestohlen.“

Struktur der Diebstahlskriminalität 2014

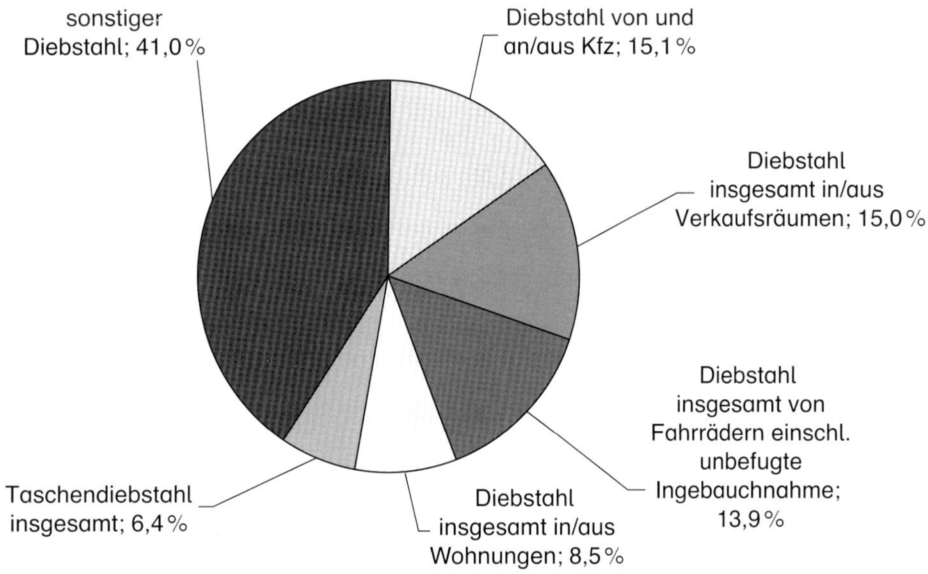

Der Anteil von „Wohnungseinbruchdiebstahl" (152.123 Fälle) an „Diebstahl insgesamt in/aus Wohnungen" (207.561 Fälle) beträgt 73,3 Prozent.

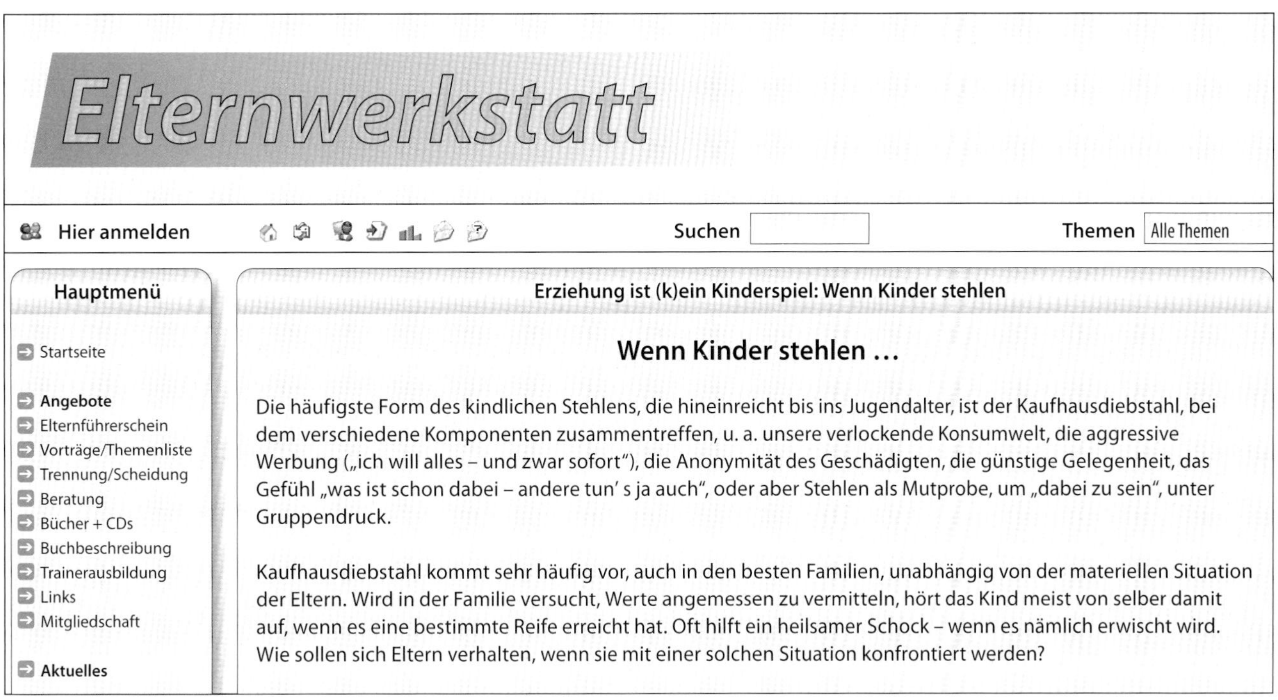

Elternwerkstatt

Hier anmelden | Suchen | Themen: Alle Themen

Hauptmenü

- Startseite
- **Angebote**
- Elternführerschein
- Vorträge/Themenliste
- Trennung/Scheidung
- Beratung
- Bücher + CDs
- Buchbeschreibung
- Trainerausbildung
- Links
- Mitgliedschaft
- **Aktuelles**

Erziehung ist (k)ein Kinderspiel: Wenn Kinder stehlen

Wenn Kinder stehlen …

Die häufigste Form des kindlichen Stehlens, die hineinreicht bis ins Jugendalter, ist der Kaufhausdiebstahl, bei dem verschiedene Komponenten zusammentreffen, u. a. unsere verlockende Konsumwelt, die aggressive Werbung („ich will alles – und zwar sofort"), die Anonymität des Geschädigten, die günstige Gelegenheit, das Gefühl „was ist schon dabei – andere tun' s ja auch", oder aber Stehlen als Mutprobe, um „dabei zu sein", unter Gruppendruck.

Kaufhausdiebstahl kommt sehr häufig vor, auch in den besten Familien, unabhängig von der materiellen Situation der Eltern. Wird in der Familie versucht, Werte angemessen zu vermitteln, hört das Kind meist von selber damit auf, wenn es eine bestimmte Reife erreicht hat. Oft hilft ein heilsamer Schock – wenn es nämlich erwischt wird. Wie sollen sich Eltern verhalten, wenn sie mit einer solchen Situation konfrontiert werden?

Infos sammeln

Kreuze die richtige Antwort an.

1. Wie lautet die Vorschrift des Ladendetektivs bei Ladendiebstahl?
   - ☐ a) Ladendiebe müssen an der Kasse die gestohlene Ware bezahlen.
   - ☐ b) Ladendiebe müssen der Polizei übergeben werden und es muss Anzeige erstattet werden.
   - ☐ c) Ladendieben muss sofort Hausverbot für den betreffenden Laden erteilt werden.

2. Warum bittet Benjamin zuerst den Kaufhausdetektiv und dann den Polizisten darum, seine Eltern nicht zu informieren?
   - ☐ a) Er will die Angelegenheit alleine regeln.
   - ☐ b) Er möchte seine Eltern mit einer solchen Kleinigkeit nicht belasten.
   - ☐ c) Er hat Angst vor dem Ärger, den sein Vater ihm wegen des Ladendiebstahls bereiten wird.

3. Wie will Benjamins Vater die Sache regeln?
   - ☐ a) Er will die gestohlene CD bezahlen.
   - ☐ b) Er will mit dem Ladenbesitzer reden, damit der die Anzeige zurückzieht.
   - ☐ c) Er versucht, den Polizeikommissar mit Geld zu bestechen.

Wortschatz

Kreuze die richtige Antwort an.

1. Was ist eine Straftat?
   - ☐ a) das Vergessen der Hausaufgaben für den nächsten Tag
   - ☐ b) der Verstoß gegen ein Gesetz
   - ☐ c) das Überqueren der Straße, wenn weder Ampel noch Zebrastreifen vorhanden sind

2. Was heißt „auf den Boden der Tatsachen zurückkommen"?
   - ☐ a) Man soll wieder gesund aus dem Urlaub zurückkehren.
   - ☐ b) Man soll seine Wünsche in die Tat umsetzen.
   - ☐ c) Man soll die Wirklichkeit sehen, wie sie ist.

3. Welche Aufgabe haben Mitarbeiter eines Jugendamts?
   - ☐ a) Sie kümmern sich z. B. um verwahrloste Kinder und Jugendliche.
   - ☐ b) Sie sind die Vertreter der Jugend einer Stadt oder Gemeinde.
   - ☐ c) Sie entwerfen Schuluniformen.

Verständnis

Kreuze die richtigen Antworten an.

1. Was hat Matze von Benjamin verlangt?
   - ☐ a) Benjamin sollte sich betrinken, um die anderen Cliquenmitglieder zu belustigen.
   - ☐ b) Benjamin sollte ein Rad stehlen und damit durch die Stadt fahren.
   - ☐ c) Benjamin sollte einen Ladendiebstahl begehen.

2. Wohin bringt das Polizeiauto Benjamin, nachdem der Warenhausdetektiv ihn ertappt hat?
   - ☐ a) Benjamin wird zu seinen Eltern gebracht.
   - ☐ b) Benjamin wird zur Polizeiwache gebracht.
   - ☐ c) Benjamin wird zum Jugendamt gebracht.

3. Warum ist Benjamins Vater verärgert?
   - ☐ a) Er will nicht, dass die Leute vom Jugendamt ihn und seine Frau für schlechte Eltern halten.
   - ☐ b) Er hat Angst, dass Benjamin nun in ein Erziehungsheim eingewiesen wird.
   - ☐ c) Er ärgert sich über den jungen Polizeikommissar, weil der sich nicht dazu überreden lässt, die Sache einfach auf sich beruhen zu lassen.

Anwenden

Kreuze die richtigen Antworten an.

1. Welchem Teil des Diagramms würdest du Ladendiebstähle zuordnen?
   - ☐ a) Taschendiebstahl insgesamt
   - ☐ b) Diebstahl insgesamt in/aus Verkaufsräumen
   - ☐ c) sonstiger Diebstahl

2. Wie erscheint die Haltung von Benjamins Vater gegenüber seinem Sohn?
   - ☐ a) Der Vater macht Benjamin vor dem Polizeikommissar keine Vorwürfe und versucht, ihn zu entlasten.
   - ☐ b) Der Vater schreit den Polizeikommissar an, weil er glaubt, dieser habe Benjamin ungerecht behandelt.
   - ☐ c) Der Vater setzt sich für Benjamin ein und will den Wert der gestohlenen CD ersetzen.

3. Welche Folgen hat das „Abenteuer Ladendiebstahl“ für einen überführten Täter/eine überführte Täterin?
   - ☐ a) Eltern, Jugendamt und Staatsanwaltschaft müssen informiert werden.
   - ☐ b) Die Folgen eines Ladendiebstahls sind je nach Alter unterschiedlich.
   - ☐ c) Der jugendliche Dieb wird der Schule verwiesen oder verliert seinen Ausbildungsplatz.

Problemstellung

Überlege, warum so viele Jugendliche sich durch Ladendiebstahl einen Kick verschaffen wollen.

____

____

____

____

Vorschläge

Wie könnte man Jugendliche davon abhalten, in Geschäften zu stehlen?

Eigene Meinung

„Alles ist erlaubt, man darf sich nur nicht erwischen lassen." Überlege, ob diese Behauptung Gültigkeit hat.

Thema 13: Eine Bahnfahrt, die ist lustig, eine Bahnfahrt, die ist schön – oder?

Am frühen Freitagnachmittag schaltet Patrick seinen Computer ein, um seine E-Mails abzurufen. Er hat nur eine einzige Mail bekommen, aber eine sehr verheißungsvolle. Sie lautet:

Hallo Leute, gerade eben habe ich erfahren, dass meine Eltern morgen Nachmittag ausgeflogen sind. Sie haben mir erlaubt, mit euch eine Gartenparty zu feiern. Kommt ihr? Beginn ist um halb drei. Jeder sollte was zu schnabulieren mitbringen. Ich bitte um Rückmeldung.
Gruß Bibi

Patrick ist begeistert. Erstens ist schönes Wetter vorhergesagt, zweitens hat er am Samstag noch nichts vor und drittens mag er Bibi sehr – und sie ihn auch!
Also mailt er sofort zurück:

Ich komme auf alle Fälle. Gruß Patrick

„Was könnte ich zum Essen mitbringen?", fragt er sich. Er entscheidet sich für Kartoffelsalat. Der wird immer gerne gegessen. Denn sicherlich legt Bibi Würstchen auf den Grill. Schnell läuft er in den kleinen Dorfsupermarkt. Dort gibt es kleine Eimerchen mit Kartoffelsalat. So eines kauft er. Wie praktisch, dass gleich ein Henkel dran ist, so kann er sein Mitbringsel besser transportieren. Sein Vater verspricht ihm, ihn mit dem Auto von Dutenhofen nach Weilburg zu bringen. Allerdings hat sein Vater Bereitschaftsdienst und da könnte er plötzlich gerufen werden.
Und genau das trifft ein. Vater wird am Samstagmittag angerufen und muss sofort einen Wasserrohrbruch beheben.
„Fahr doch mit dem Bus bis nach Wetzlar und dann mit der Bahn bis nach Weilburg", rät ihm der Vater noch, bevor er ins Auto springt.
Patrick bleibt nichts anderes übrig. Er weiß, dass üblicherweise um 14.01 Uhr der Bus von der Haltestelle am Kindergarten nach Wetzlar an den Busbahnhof abfährt. Also macht er sich auf zur Bushaltestelle.
Merkwürdigerweise kommt der Bus aber nicht. Er wartet geduldig, weil der Bus manchmal Verspätung hat. Als eine halbe Stunde vergangen ist, gibt er das Warten auf.
Auf dem Heimweg stoppt er das Auto seines Nachbarn. „Fährst du nach Wetzlar, Christian?", fragt er ihn. Und als Christian nickt, fragt er weiter: „Nimmst du mich mit?"
„Klar", sagt Christian, „steig ein!"
„Ich fahre nie mit dem Bus", sagt Christian. „Ich habe keine Ahnung, warum der heute nicht gekommen ist. Wenn du zum Bahnhof willst, lasse ich dich in der Neustadt heraus. Die paar Schritte kannst du dann laufen."
Patrick bedankt sich, als er aussteigt. Als Christian mit seinem Auto schon um die Ecke gebogen ist, merkt er, dass er das Eimerchen mit dem Kartoffelsalat im Auto vergessen hat.
„Zu blöd", denkt er. „Jetzt habe ich kein Essen für Bibis Party dabei."
Auf dem Bahnhof kommt er gegen 14.45 Uhr an. Er kauft am Automaten eine Fahrkarte und studiert dann den Fahrplan. „Sich darauf zurechtzufinden ist gar nicht so einfach. Wer immer nur mit dem Auto gefahren wird, der muss sich erst einmal einlesen", denkt er. Er fragt einen Fahrgast. „RE bedeutet ‚Regionalexpress', der hält nur auf den angegebenen Bahnhöfen. RB heißt ‚Regionalbahn', die hält an jedem Mülleimer", bekommt er als Auskunft.
Er muss nach Weilburg in Richtung Limburg fahren. Wann wird er ankommen?

11 Gießen, Johanneskirche → Lützellinden → Allendorf → Dutenhofen → Münchholzhausen → Wetzlar, Busbahnhof

STADT WETZLAR

Wetzlarer Verkehrsbetriebe GmbH, 35576 Wetzlar, Tel.: (06441) 901040

Montag - Freitag

Am 24.12. und 31.12. Verkehr wie Samstag

Verkehrsbeschränkung						S													
Gießen Johanneskirche			6.00	6.30	7.00		7.30	8.00	8.30	9.00	10.00	11.00	12.00	12.30	13.00	13.30	14.00	14.30	15.00
Gießen Liebigstraße			6.02	6.32	7.02		7.32	8.02	8.32	9.02	10.02	11.02	12.02	12.32	13.02	13.32	14.02	14.32	15.02
Gießen Friedrichstraße			6.04	6.34	7.04		7.34	8.04	8.34	9.04	10.04	11.04	12.04	12.34	13.04	13.34	14.04	14.34	15.04
Gießen Klinikstraße			6.05	6.35	7.05		7.35	8.05	8.35	9.05	10.05	11.05	12.05	12.35	13.05	13.35	14.05	14.35	15.05
Gießen Schubertstraße			6.06	6.36	7.06		7.36	8.06	8.36	9.06	10.06	11.06	12.06	12.36	13.06	13.36	14.06	14.36	15.06
Gießen Robert-Sommer-Straße			6.07	6.37	7.07		7.37	8.07	8.37	9.07	10.07	11.07	12.07	12.37	13.07	13.37	14.07	14.37	15.07
Kleinlinden Bernhardtstraße			6.08	6.38	7.08		7.38	8.08	8.38	9.08	10.08	11.08	12.08	12.38	13.08	13.38	14.08	14.38	15.08
Kleinlinden Wetzlarer Straße			6.09	6.39	7.09		7.39	8.09	8.39	9.09	10.09	11.09	12.09	12.39	13.09	13.39	14.09	14.39	15.09
Kleinlinden Schulgärten			6.10	6.40	7.10		7.40	8.10	8.40	9.10	10.10	11.10	12.10	12.40	13.10	13.40	14.10	14.40	15.10
Kl-linden Waldweide/Frankf.Str			6.11	6.41	7.11		7.41	8.11	8.41	9.11	10.11	11.11	12.11	12.41	13.11	13.41	14.11	14.41	15.11
Kleinlinden Br.-Grimm-Schule			6.13	6.43	7.13		7.43	8.13	8.43	9.13	10.13	11.13	12.13	12.43	13.13	13.43	14.13	14.43	15.13
Lützellinden Am Steinrück			6.15	6.45	7.15		7.45	8.15	8.45	9.15	10.15	11.15	12.15	12.45	13.15	13.45	14.15	14.45	15.15
Lützellinden Bitzenstraße			6.17	6.47	7.17		7.47	8.17	8.47	9.17	10.17	11.17	12.17	12.47	13.17	13.47	14.17	14.47	15.17
Lützellinden Lindenstraße	4.58	5.46	6.18	6.48	7.18		7.48	8.18	8.48	9.18	10.18	11.18	12.18	12.48	13.18	13.48	14.18	14.48	15.18
Lützellinden Kleebergstraße	4.59	5.47	6.19	6.49	7.19		7.49	8.19	8.49	9.19	10.19	11.19	12.19	12.49	13.19	13.49	14.19	14.49	15.19
Lützellinden Schwimmbad	5.00	5.48	6.20	6.50	7.20		7.50	8.20	8.50	9.20	10.20	11.20	12.20	12.50	13.20	13.50	14.20	14.50	15.20
Allendorf Schule	5.02	5.50	6.22	6.52	7.22		7.52	8.22	8.52	9.22	10.22	11.22	12.22	12.52	13.22	13.52	14.22	14.52	15.22
Allendorf Backhaus	5.03	5.51	6.23	6.53	7.23		7.53	8.23	8.53	9.23	10.23	11.23	12.23	12.53	13.23	13.53	14.23	14.53	15.23
Allendorf Mühle	5.05	5.53	6.25	6.55	7.25		7.55	8.25	8.55	9.25	10.25	11.25	12.25	12.55	13.25	13.55	14.25	14.55	15.25
Dutenhofen Gießener Straße	5.07	5.55	6.27	6.57	7.27		7.57	8.27	8.57	9.27	10.27	11.27	12.27	12.57	13.27	13.57	14.27	14.57	15.27
Dutenhofen Kirmesplatz	5.08	5.56	6.28	6.58	7.28		7.58	8.28	8.58	9.28	10.28	11.28	12.28	12.58	13.28	13.58	14.28	14.58	15.28
Dutenhofen Münchholzhäuser Str	5.10	5.58	6.30	7.00	7.30	7.22	8.00	8.30	9.00	9.30	10.30	11.30	12.30	13.00	13.30	14.00	14.30	15.00	15.30
Dutenhofen Kindergarten	5.11	5.59	6.31	7.01	7.31	7.23	8.01	8.31	9.01	9.31	10.31	11.31	12.31	13.01	13.31	14.01	14.31	15.01	15.31
Münchholzhausen Stockwiese	5.12	6.00	6.32	7.02	7.32	7.24	8.02	8.32	9.02	9.32	10.32	11.32	12.32	13.02	13.32	14.02	14.32	15.02	15.32
Münchholzhausen Gießener Str.	5.13	6.01	6.33	7.03	7.33	7.25	8.03	8.33	9.03	9.33	10.33	11.33	12.33	13.03	13.33	14.03	14.33	15.03	15.33
Münchholzhausen Rechtenb. Str.	5.14	6.02	6.34	7.04	7.34	7.26	8.04	8.34	9.04	9.34	10.34	11.34	12.34	13.04	13.34	14.04	14.34	15.04	15.34
Münchholzhausen Wetzlarer Str.	5.15	6.03	6.35	7.05	7.35	7.27	8.05	8.35	9.05	9.35	10.35	11.35	12.35	13.05	13.35	14.05	14.35	15.05	15.35
Münchholzhausen Hohe Straße	5.16	6.04	6.36	7.06	7.36	7.28	8.06	8.36	9.06	9.36	10.36	11.36	12.36	13.06	13.36	14.06	14.36	15.06	15.36
Wetzlar Blankenfeld	5.21	6.09	6.41	7.11	7.41	7.33	8.11	8.41	9.11	9.41	10.41	11.41	12.41	13.11	13.41	14.11	14.41	15.11	15.41
Wetzlar Im Amtmann	5.22	6.10	6.42	7.12	7.42	7.34	8.12	8.42	9.12	9.42	10.42	11.42	12.42	13.12	13.42	14.12	14.42	15.12	15.42
Wetzlar Spilburg	5.23	6.11	6.43	7.13	7.43	7.35	8.13	8.43	9.13	9.43	10.43	11.43	12.43	13.13	13.43	14.13	14.43	15.13	15.43
Wetzlar Polizeistation	5.24	6.12	6.44	7.14	7.44	7.36	8.14	8.44	9.14	9.44	10.44	11.44	12.44	13.14	13.44	14.14	14.44	15.14	15.44
Wetzlar Goldfischt./Frankf.Str	5.26	6.14	6.46	7.16	7.46	7.38	8.16	8.46	9.16	9.46	10.46	11.46	12.46	13.16	13.46	14.16	14.46	15.16	15.46
Wetzlar Brühlsbachstraße	5.27	6.15	6.47	7.17	7.47	7.39	8.17	8.47	9.17	9.47	10.47	11.47	12.47	13.17	13.47	14.17	14.47	15.17	15.47
Wetzlar Leitzplatz	5.29	6.17	6.49	7.19	7.49	7.41	8.19	8.49	9.19	9.49	10.49	11.49	12.49	13.19	13.49	14.19	14.49	15.19	15.49
Wetzlar Haarplatz	5.30	6.18	6.50	7.20	7.50		8.20	8.50	9.20	9.50	10.50	11.50	12.50	13.20	13.50	14.20	14.50	15.20	15.50
Wetzlar Freibad	5.32	6.20	6.52	7.22	7.52		8.22	8.52	9.22	9.52	10.52	11.52	12.52	13.22	13.52	14.22	14.52	15.22	15.52
Wetzlar Busbahnhof an	5.34	6.22	6.54	7.24	7.54		8.24	8.54	9.24	9.54	10.54	11.54	12.54	13.24	13.54	14.24	14.54	15.24	15.54

S = nur an Schultagen

11 Gießen, Johanneskirche → Lützellinden → Allendorf → Dutenhofen → Münchholzhausen → Wetzlar, Busbahnhof

STADT WETZLAR

Wetzlarer Verkehrsbetriebe GmbH, 35576 Wetzlar, Tel.: (06441) 901040

	Montag - Freitag										Samstag								
Hinweise											10								
Gießen Johanneskirche	15.30	16.00	16.30	17.00	17.30	18.00	18.30	19.00	19.30	20.30		6.30	7.30	8.30	10.00	11.00	12.00	13.00	14.30
Gießen Liebigstraße	15.32	16.02	16.32	17.02	17.32	18.02	18.32	19.02	19.32	20.32		6.32	7.32	8.32	10.02	11.02	12.02	13.02	14.32
Gießen Friedrichstraße	15.34	16.04	16.34	17.04	17.34	18.04	18.34	19.04	19.34	20.34		6.34	7.34	8.34	10.04	11.04	12.04	13.04	14.34
Gießen Klinikstraße	15.35	16.05	16.35	17.05	17.35	18.05	18.35	19.05	19.35	20.35		6.35	7.35	8.35	10.05	11.05	12.05	13.05	14.35
Gießen Schubertstraße	15.36	16.06	16.36	17.06	17.36	18.06	18.36	19.06	19.36	20.36		6.36	7.36	8.36	10.06	11.06	12.06	13.06	14.36
Gießen Robert-Sommer-Straße	15.37	16.07	16.37	17.07	17.37	18.07	18.37	19.07	19.37	20.37		6.37	7.37	8.37	10.07	11.07	12.07	13.07	14.37
Kleinlinden Bernhardtstraße	15.38	16.08	16.38	17.08	17.38	18.08	18.38	19.08	19.38	20.38		6.38	7.38	8.38	10.08	11.08	12.08	13.08	14.38
Kleinlinden Wetzlarer Straße	15.39	16.09	16.39	17.09	17.39	18.09	18.39	19.09	19.39	20.39		6.39	7.39	8.39	10.09	11.09	12.09	13.09	14.39
Kleinlinden Schulgärten	15.40	16.10	16.40	17.10	17.40	18.10	18.40	19.10	19.40	20.40		6.40	7.40	8.40	10.10	11.10	12.10	13.10	14.40
Kl-linden Waldweide/Frankf.Str	15.41	16.11	16.41	17.11	17.41	18.11	18.41	19.11	19.41	20.41		6.41	7.41	8.41	10.11	11.11	12.11	13.11	14.41
Kleinlinden Br.-Grimm-Schule	15.43	16.13	16.43	17.13	17.43	18.13	18.43	19.13	19.43	20.43		6.43	7.43	8.43	10.13	11.13	12.13	13.13	14.43
Lützellinden Am Steinrück	15.45	16.15	16.45	17.15	17.45	18.15	18.45	19.15	19.45	20.45		6.45	7.45	8.45	10.15	11.15	12.15	13.15	14.45
Lützellinden Bitzenstraße	15.47	16.17	16.47	17.17	17.47	18.17	18.47	19.17	19.47	20.47		6.47	7.47	8.47	10.17	11.17	12.17	13.17	14.47
Lützellinden Lindenstraße	15.48	16.18	16.48	17.18	17.48	18.18	18.48	19.18	19.48	20.48	4.58	6.48	7.48	8.48	10.18	11.18	12.18	13.18	14.48
Lützellinden Kleebergstraße	15.49	16.19	16.49	17.19	17.49	18.19	18.49	19.19	19.49	20.49	4.59	6.49	7.49	8.49	10.19	11.19	12.19	13.19	14.49
Lützellinden Schwimmbad	15.50	16.20	16.50	17.20	17.50	18.20	18.50	19.20	19.50	20.50	5.00	6.50	7.50	8.50	10.20	11.20	12.20	13.20	14.50
Allendorf Schule	15.52	16.22	16.52	17.22	17.52	18.22	18.52	19.22	19.52	20.52	5.02	6.52	7.52	8.52	10.22	11.22	12.22	13.22	14.52
Allendorf Backhaus	15.53	16.23	16.53	17.23	17.53	18.23	18.53	19.23	19.53	20.53	5.03	6.53	7.53	8.53	10.23	11.23	12.23	13.23	14.53
Allendorf Mühle	15.55	16.25	16.55	17.25	17.55	18.25	18.55	19.25	19.55	20.55	5.05	6.55	7.55	8.55	10.25	11.25	12.25	13.25	14.55
Dutenhofen Gießener Straße	15.57	16.27	16.57	17.27	17.57	18.27	18.57	19.27	19.57	20.57	5.07	6.57	7.57	8.57	10.27	11.27	12.27	13.27	14.57
Dutenhofen Kirmesplatz	15.58	16.28	16.58	17.28	17.58	18.28	18.58	19.28	19.58	20.58	5.08	6.58	7.58	8.58	10.28	11.28	12.28	13.28	14.58
Dutenhofen Münchholzhäuser Str	16.00	16.30	17.00	17.30	18.00	18.30	19.00	19.30	20.00	21.00	5.10	7.00	8.00	9.00	10.30	11.30	12.30	13.30	15.00
Dutenhofen Kindergarten	16.01	16.31	17.01	17.31	18.01	18.31	19.01	19.31	20.01	21.01	5.11	7.01	8.01	9.01	10.31	11.31	12.31	13.31	15.01
Münchholzhausen Stockwiese	16.02	16.32	17.02	17.32	18.02	18.32	19.02	19.32	20.02	21.02	5.12	7.02	8.02	9.02	10.32	11.32	12.32	13.32	15.02
Münchholzhausen Gießener Str.	16.03	16.33	17.03	17.33	18.03	18.33	19.03	19.33	20.03	21.03	5.13	7.03	8.03	9.03	10.33	11.33	12.33	13.33	15.03
Münchholzhausen Rechtenb. Str.	16.04	16.34	17.04	17.34	18.04	18.34	19.04	19.34	20.04	21.04	5.14	7.04	8.04	9.04	10.34	11.34	12.34	13.34	15.04
Münchholzhausen Wetzlarer Str.	16.05	16.35	17.05	17.35	18.05	18.35	19.05	19.35	20.05	21.05	5.15	7.05	8.05	9.05	10.35	11.35	12.35	13.35	15.05
Münchholzhausen Hohe Straße	16.06	16.36	17.06	17.36	18.06	18.36	19.06	19.36	20.06	21.06	5.16	7.06	8.06	9.06	10.36	11.36	12.36	13.36	15.06
Wetzlar Blankenfeld	16.11	16.41	17.11	17.41	18.11	18.41	19.11	19.41	20.11	21.11	5.21	7.11	8.11	9.11	10.41	11.41	12.41	13.41	15.11
Wetzlar Im Amtmann	16.12	16.42	17.12	17.42	18.12	18.42	19.12	19.42	20.12	21.12	5.22	7.12	8.12	9.12	10.42	11.42	12.42	13.42	15.12
Wetzlar Spilburg	16.13	16.43	17.13	17.43	18.13	18.43	19.13	19.43	20.13	21.13	5.23	7.13	8.13	9.13	10.43	11.43	12.43	13.43	15.13
Wetzlar Polizeistation	16.14	16.44	17.14	17.44	18.14	18.44	19.14	19.44	20.14	21.14	5.24	7.14	8.14	9.14	10.44	11.44	12.44	13.44	15.14
Wetzlar Goldfischt./Frankf.Str	16.16	16.46	17.16	17.46	18.16	18.46	19.16	19.46	20.16	21.16	5.26	7.16	8.16	9.16	10.46	11.46	12.46	13.46	15.16
Wetzlar Brühlsbachstraße	16.17	16.47	17.17	17.47	18.17	18.47	19.17	19.47	20.17	21.17	5.27	7.17	8.17	9.17	10.47	11.47	12.47	13.47	15.17
Wetzlar Leitzplatz	16.19	16.49	17.19	17.49	18.19	18.49	19.19	19.49	20.19	21.19	5.29	7.19	8.19	9.19	10.49	11.49	12.49	13.49	15.19
Wetzlar Haarplatz	16.20	16.50	17.20	17.50	18.20	18.50	19.20	19.50	20.20	21.20	5.30	7.20	8.20	9.20	10.50	11.50	12.50	13.50	15.20
Wetzlar Freibad	16.22	16.52	17.22	17.52	18.22	18.52	19.22	19.52	20.22	21.22	5.32	7.22	8.22	9.22	10.52	11.52	12.52	13.52	15.22
Wetzlar Busbahnhof an	16.24	16.54	17.24	17.54	18.24	18.54	19.24	19.54	20.24	21.24	5.34	7.24	8.24	9.24	10.54	11.54	12.54	13.54	15.24

10 = Umsteigen in Richtung Gießen in Allendorf, Schule

Abfahrt *Departure* Wetzlar

13.12.2015 - 11.06.2016

Zeit *Time*	Zug *Train*	Richtung *Destination*	Gleis *Track*
14:26 †*	**HLB** 24827	Dutenhofen 14:32 – Gießen 14:38 – Gießen Licher Str 14:47 – Großen Buseck 14:54 – Reiskirchen 14:59 – Saasen 15:04 – Göbelnrod 15:07 – Grünberg 15:10 – Lehnheim 15:14 – Mücke 15:17 – Nieder Ohmen 15:20 – Burg-u. Nieder Gemünden 15:25 – Ehringshausen(Oberhess) 15:30 – Zell-Romrod 15:42 – Alsfeld(Oberhess) 15:48 – Lauterbach Nord 16:02 – Angersbach 16:06 – Bad Salzschlirf 16:09 – Großenlüder 16:15 – Oberbimbach 16:18 – **Fulda 16:29** ⊙ *ab 1. Mai	**3**
14:33	**HLB** 24816 **HLB** 24818	Albshausen 14:37 – Solms 14:40 – Leun/Braunfels 14:44 – Stockhausen 14:48 – Löhnberg 14:54 – Weilburg 14:57 – Gräveneck 15:04 – Fürfurt 15:09 – Aumenau 15:14 – Arfurt 15:17 – Villmar 15:22 – Runkel 15:25 – Kerkerbach 15:28 – Eschhofen 15:31 – **Limburg(Lahn) 15:36** ⊙	**4**
14:33	**RE** 4287	**Gießen 14:42** ⊙	**3**
14:37	**HLB** 24959 **HLB** 24989	Gießen 14:46 – Friedberg 15:11 – **Frankfurt(Main)Hbf 15:35** ⊙ → ⚒ außer Sa, ab 11. Apr bis **Frankfurt(Main)West 15:29**, auch Halt in Frankfurt-Eschersheim 15:25	**5**
14:50	**RE** 15116	Aßlar 14:53 – Werdorf 14:56 – Ehringshausen 14:59 – Katzenfurt 15:02 – Edingen 15:05 – Sinn 15:07 – Herborn 15:11 – Burg(Dillkr) Nord 15:14 – Niederscheld Süd 15:17 – **Dillenburg 15:22** ⊙	**7**
		15:00	
15:02	**RE** 15119	Dutenhofen 15:07 – Gießen 15:14 – Butzbach 15:31 – Bad Nauheim 15:37 – Friedberg 15:41 – Frankfurt(M)West 15:59 – **Frankfurt(Main)Hbf 16:06** ⊙	**5**
15:18	**HLB** 24964	Herborn 15:32 – Dillenburg 15:38 – Haiger 15:44 – **Siegen 16:05** ⊙	**7**
15:26 ⚒ außer Sa	**HLB** 24831	Dutenhofen 15:32 – Gießen 15:38 – Gießen Licher Str 15:47 – Großen Buseck 15:54 – Reiskirchen 15:58 – Grünberg 16:10 – Lehnheim 16:14 – Mücke 16:17 – Nieder Ohmen 16:21 – Burg-u. Nieder Gemünden 16:26 – Ehringshausen(Oberhess) 16:30 – Zell-Romrod 16:42 – Alsfeld(Oberhess) 16:48 – Lauterbach Nord 17:02 – Angersbach 17:06 – Bad Salzschlirf 17:09 – Großenlüder 17:15 – Oberbimbach 17:18 – **Fulda 17:29** ⊙	**3**
15:26 Sa, †	**HLB** 24833	Dutenhofen 15:32 – Gießen 15:38 – Gießen Licher Str 15:50 – Großen Buseck 15:57 – Reiskirchen 16:01 – Grünberg 16:12 – Mücke 16:18 – Burg-u. Nieder Gemünden 16:25 – Ehringshausen(Oberhess) 16:30 – Zell-Romrod 16:42 – Alsfeld(Oberhess) 16:48 – Lauterbach Nord 17:02 – Angersbach 17:06 – Bad Salzschlirf 17:09 – Großenlüder 17:15 – Oberbimbach 17:18 – **Fulda 17:29** ⊙	**3**
15:26	**RE** 4288	Weilburg 15:42 – Limburg(Lahn) 16:07 – Diez 16:11 – Nassau 16:31 – Bad Ems 16:39 – Niederlahnstein 16:51 – **Koblenz Hbf 16:59** ⊙	**4**
15:33 ⚒ außer Sa	**HLB** 24824	Albshausen 15:37 – Solms 15:40 – Leun/Braunfels 15:44 – Stockhausen 15:48 – Löhnberg 15:54 – Weilburg 15:57 – Gräveneck 16:04 – Fürfurt 16:09 – Aumenau 16:14 – Arfurt 16:17 – Villmar 16:22 – Runkel 16:25 – Kerkerbach 16:28 – Eschhofen 16:31 – **Limburg(Lahn) 16:36** ⊙	**4**
15:33 †*	**HLB** 24826	Albshausen 15:37 – Solms 15:40 – Leun/Braunfels 15:44 – Stockhausen 15:48 – Löhnberg 15:54 – Weilburg 15:57 – Gräveneck 16:04 – Fürfurt 16:09 – Aumenau 16:14 – Arfurt 16:17 – Villmar 16:22 – Runkel 16:25 – Kerkerbach 16:28 – Eschhofen 16:31 – **Limburg(Lahn) 16:36** ⊙ *ab 1. Mai	**4**
15:37	**HLB** 24961	**Gießen 15:46** ⊙	**5**
15:50	**RE** 15118	Aßlar 15:53 – Werdorf 15:56 – Ehringshausen 15:59 – Katzenfurt 16:02 – Edingen 16:05 – Sinn 16:07 – Herborn 16:11 – Burg(Dillkr) Nord 16:14 – Niederscheld Süd 16:17 – **Dillenburg 16:22** ⊙	**7**
		16:00	
16:02	**RE** 15121	Dutenhofen 16:07 – Gießen 16:14 – Großen Linden 16:32 – Lang Göns 16:36 – Kirch Göns 16:39 – Butzbach 16:43 – Ostheim 16:46 – Bad Nauheim 16:52 – Friedberg 16:56 – Bad Vilbel 17:08 – Frankfurt(M)West 17:20 – **Frankfurt(Main)Hbf 17:27** ⊙ → 13. Dez nur bis **Gießen**	**5**
16:18	**HLB** 24966	Herborn 16:32 – Dillenburg 16:38 – Haiger 16:44 – **Siegen 17:05** ⊙	**7**
16:26 ⚒ außer Sa	**HLB** 24837	Dutenhofen 16:32 – Gießen 16:38 – Gießen Licher Str 16:47 – Großen Buseck 16:54 – Reiskirchen 16:58 – Grünberg 17:10 – Lehnheim 17:14 – Mücke 17:17 – Nieder Ohmen 17:20 – Burg-u. Nieder Gemünden 17:25 – Ehringshausen(Oberhess) 17:30 – Zell-Romrod 17:42 – Alsfeld(Oberhess) 17:48 – Lauterbach Nord 18:02 – Angersbach 18:06 – Bad Salzschlirf 18:09 – Großenlüder 18:15 – Oberbimbach 18:18 – **Fulda 18:29** ⊙	**3**
16:26 †*	**HLB** 24839	Dutenhofen 16:32 – Gießen 16:38 – Gießen Licher Str 16:47 – Großen Buseck 16:54 – Reiskirchen 16:59 – Saasen 17:04 – Göbelnrod 17:07 – Grünberg 17:10 – Lehnheim 17:14 – Mücke 17:17 – Nieder Ohmen 17:20 – Burg-u. Nieder Gemünden 17:25 – Ehringshausen(Oberhess) 17:30 – Zell-Romrod 17:42 – Alsfeld(Oberhess) 17:48 – Lauterbach Nord 18:02 – Angersbach 18:06 – Bad Salzschlirf 18:09 – Großenlüder 18:16 – Oberbimbach 18:18 – **Fulda 18:29** ⊙ *ab 1. Mai	**3**

Infos sammeln

Kreuze die richtige Antwort an.

1. Was beinhaltet Bibis E-Mail?
   - ☐ a) eine Absage für das Wochenende
   - ☐ b) eine Einladung zum Tanzen
   - ☐ c) eine Einladung zu einem Fest in ihrem Garten

2. Welchen Rat bekommt Patrick von seinem Vater?
   - ☐ a) Er soll versuchen, per Anhalter nach Weilburg zu fahren.
   - ☐ b) Er soll erst den Bus nehmen und dann mit der Bahn weiterfahren.
   - ☐ c) Er soll sich auf sein Fahrrad schwingen.

3. Was stellt Patrick fest, als er aus Christians Auto ausgestiegen und Christian abgefahren ist?
   - ☐ a) Er hat den Kartoffelsalat im Auto vergessen.
   - ☐ b) Er hat seinen Geldbeutel im Auto liegen lassen.
   - ☐ c) Er hat vergessen, sich bei Christian zu bedanken.

Wortschatz

Kreuze die richtige Antwort an.

1. Was bedeutet „meine Eltern sind ausgeflogen“?
   - ☐ a) Meine Eltern haben eine Flugreise unternommen.
   - ☐ b) Meine Eltern haben Besuch von Freunden bekommen.
   - ☐ c) Meine Eltern sind nicht zu Hause.

2. Was bedeutet „schnabulieren“?
   - ☐ a) essen
   - ☐ b) erzählen
   - ☐ c) hören

3. Was ist „Bereitschaftsdienst“?
   - ☐ a) Man bereitet sich auf den Dienst vor.
   - ☐ b) Man muss sich bereithalten, um in Notfällen, vor allem am Wochenende, zur Arbeit gehen zu können.
   - ☐ c) Man führt seinen Dienst mit großem Engagement und großer Bereitschaft aus.

Verständnis

Kreuze die richtige Antwort an.

1. Welchen Beruf hat Patricks Vater?
   - ☐ a) Dachdecker
   - ☐ b) Installateur
   - ☐ c) Maurer

2. Warum kauft Patrick Kartoffelsalat?
   - ☐ a) Er kauft Kartoffelsalat, weil das sein Lieblingsessen ist.
   - ☐ b) Er meint, dass Kartoffelsalat immer gerne gegessen wird.
   - ☐ c) Er kauft Kartoffelsalat, weil es in dem kleinen Geschäft seines Dorfes keine anderen Fertigsalate gibt.

3. Warum wartet Patrick vergeblich auf den Bus?
   - ☐ a) Der Bus konnte vermutlich wegen eines Maschinenschadens nicht kommen.
   - ☐ b) Er hat nicht darauf geachtet, dass der Fahrplan am Wochenende nur eingeschränkt gültig ist.
   - ☐ c) Die Zufahrtsstraße zu seinem Dorf war wegen Baumfällarbeiten gesperrt.

Anwenden

Kreuze die richtigen Antworten an.

1. Wie hätte Patrick im Vorfeld erfahren können, ob der Bus fährt?
   - ☐ a) Er hätte die Buszentrale per Handy anrufen können, um nachzufragen.
   - ☐ b) Er hätte bei den Anwohnern nachfragen sollen.
   - ☐ c) Er hätte auf dem Fahrplan nach Hinweisen suchen müssen, ob der Bus auch am Wochenende fährt oder nicht.

2. Wann fährt in der fraglichen Zeit laut Plan ein Zug nach Weilburg in Wetzlar ab?
   - ☐ a) um 14.33 Uhr
   - ☐ b) um 15.26 Uhr
   - ☐ c) um 15.02 Uhr

3. Welchen Zug hätte Patrick nehmen können, wenn er schon um 14.30 Uhr am Bahnhof eingetroffen wäre?
   - ☐ a) die Hessische Landesbahn um 14.33 Uhr
   - ☐ b) die Hessische Landesbahn um 15.26 Uhr
   - ☐ c) den Regionalexpress um 14.50 Uhr

Problemstellung

Wie hätte Patrick das „Missgeschick“ an der Bushaltestelle vermeiden können?

____

____

____

____

Vorschläge

Welche anderen Beförderungsmöglichkeiten hätte es für Patrick gegeben?

____

____

____

____

____

Eigene Meinung

Sollten Kinder lernen, Fahrpläne verstehen zu können oder hältst du dies für unnötig? Begründe.

Thema 14: Kein Bock auf Schule – keine Zukunftsperspektive

Kurz vor der Pause klingelt Marcs Handy. Die Mathelehrerin schaut Marc erstaunt an.
„Hast du vergessen dein Handy abzuschalten?", fragt sie.
„Tschuldigung!", murmelt Marc. Da klingelt es zur Pause. „Kann ich jetzt mal schauen, wer da etwas von mir will?", fragt Marc mit Blick auf Frau Zimmermann.
„Na, meinetwegen", lächelt die Lehrerin.
Marc hält das Handy ans Ohr. „Das ist ja komisch", meint er. „Ich höre da Leute miteinander reden, aber es spricht niemand mit mir."
„Ach komm!" „Doch, das ist die Stimme von Tim." Laut ruft er dann in die Klasse: „Seid mal ruhig, hier ist Tim irgendwie am Apparat." Die anderen horchen neugierig auf. Tim, der Schulschwänzer, soll am Apparat sein?
„Horch doch mal, das ist wirklich Tims Stimme. Er spricht mit irgendwelchen Leuten." Manuel hält Marcs Handy ans Ohr.
„Ja, das ist Tims Stimme. Er muss irgendwie mit seinem Handy gespielt haben. Dabei hat er wohl versehentlich auf die Tastatur gedrückt. Jetzt kann man ihn bei einem Gespräch belauschen. Ich glaube, ich weiß auch, mit wem er da zusammen ist. Das ist die Stimme von Hairi."
„Lass mich mal hören", sagt Marc und nimmt sein Handy zurück. „Ja, das ist Hairi", bestätigt er, nachdem er kurz gelauscht hat. „Das hört sich an, als ob sie gerade irgendwas essen."
Frau Zimmermann, die die ganze Zeit zugehört hat, meint: „Hairi und Tim kommen doch kaum noch zur Schule. Wo könnten sie denn jetzt sein?"
„Ich weiß, wo die gerade sind", sagt Larissa leise. „Aber ich will nicht so gerne darüber reden, weil ich die beiden nicht verraten will."
„Sie sind also wieder auf dem alten Kling-Gelände. Das ist doch kein großes Geheimnis", sagt Nina.
„Nach der Pause müssten wir mal darüber reden", meint Frau Zimmermann. „Also ich beende mal das Gespräch", sagt Marc und drückt auf eine Taste seines Handys. „Sonst ist Tims Karte ganz schnell leer."
Als nach der Pause alle wieder im Klassenraum sind, kommt Frau Zimmermann auf das merkwürdige Telefonat zurück. „Tatsache ist, dass Tim und der Hairi nur noch selten zum Unterricht kommen. Oft fehlen sie ein paar Tage hintereinander oder sie gehen früher oder kommen morgens zu spät."
„Sie treffen sich mit anderen Schulschwänzern unten in der leeren Halle", sagt Nina. „Die ganze Fabrik ist verlassen. Die Seitentür von der Halle ist eingetreten. Und da ist ein gemütlicher kleiner Raum."
„Da bist du wohl schon mal gewesen?", fragt Larissa.
„Ja, was ist denn dabei? Dort haben sie es sich mit alten Möbeln vom Sperrmüll hübsch eingerichtet."
„Und da gehen sie morgens schon hin?", fragt Frau Zimmermann. „Anscheinend tun sie daheim so, als ob sie in die Schule gingen", überlegt Frau Zimmermann, „und dann treffen sie sich dort."
„Ja, so ist es", bestätigt Nina. „Ich möchte nur wissen, was die sich dabei denken", überlegt Frau Zimmermann. „Es gibt doch Ärger, wenn man nicht zur Schule geht. Und sein Zeugnis gefährdet man auch."
„Das ist dem Hairi doch egal", sagt Nina, „der findet den Ärger in der Schule schlimmer als den, den er kriegt, wenn er nicht hingeht."
„Und der Tim fängt schon genauso an", findet Larissa. „Wenn ich ihn im Dorf treffe, dann sagt er nur, dass er sich den Stress mit der Schule nicht mehr antut. Und seine Eltern können da nichts machen. Er sagt dann immer ganz cool, dass seine Eltern dann halt bezahlen müssten." „Also ich finde Schule und Lehrer ja auch manchmal bescheuert, aber ich würde doch nicht einfach wegbleiben", sagt Larissa. „Ich will doch irgendwann einen Abschluss machen, damit ich mir eine Lehrstelle suchen kann."

Schulabsentismus

	zeitlicher Umfang der Abwesenheit aus der Schule	Intensität der Abwesenheit von der Schule	Grad der Verinnerlichung der Handlungsform	Umfang der Mitwissenden, Grad des Öffentlichwerdens
Schulmüdigkeit	kein Ausstieg aus der Schule: zwar physische Anwesenheit in der Schule, aber geistiges Abschalten, Boykott von Arbeitsaufträgen, Träumen	Bezug zur Schule noch verhältnismäßig stark vorhanden, Ausstiegsgefährdung aber zu befürchten	Suche nach Gründen für das Fernbleiben, Handlungsform noch nicht verinnerlicht, Vermeidung als Handlungsform wird erprobt	Auffallen durch abweichendes Verhalten wie Träumen, Unkonzentriertheit, Stören, teilweise aggressive Reaktionsformen, „Null-Bock“-Stimmung, besonders die passiven Aktionsformen können dem Beobachter entgehen
Schulschwänzen	temporärer Ausstieg aus der Schule: seltenes Schwänzen, z. B.: Tages- und Eckstundenschwänzen, Kurzzeitschwänzen, Intervallschwänzen	loser Bezug, Kontakt zur Schule oder zu Mitschülern, vereinzeltes Auftauchen in der Schule oder in der Nähe, Wiedereinstieg in den Unterricht wird zum Problem	zwar Suche nach Gründen für das Fernbleiben, aber stetige Verfestigung von Vermeidung als Handlungsform	Schwänzen wird öffentlich vollzogen, beginnende Stigmatisierung
Schulverweigerung	ständige Abwesenheit über einen länger andauernden Zeitraum	Handlungsform verfestigt, Vermeidung als kennzeichnende Bewältigungsstrategie auch in anderen Lebensbereichen	Handlungsform ist verfestigt, Vermeidung als kennzeichnende Bewältigungsstrategie des alltäglichen Lebens auch in anderen Lebensbereichen	Eltern wissen um die Schulverweigerung, hoher Öffentlichkeitsgrad, ggf. Ordnungsstrafverfahren und Stigmatisierung

Worterklärungen
Intensität = Häufigkeit
physische Anwesenheit = körperliche Anwesenheit
Boykott = keine Teilnahme
aggressive Reaktionsformen = z. B. Wut, Zorn oder Schlagen
passive Aktionsformen = keine Tätigkeit
temporärer Ausstieg = zeitweiliges Fernbleiben
sporadisches Auftauchen = gelegentliches Auftauchen
Stigmatisierung = hier: Kennzeichnung als Schulschwänzer

Infos sammeln

Kreuze die richtige Antwort an.

1. Wann klingelt Marcs Handy?
   - ☐ a) Es klingelt während der Pause.
   - ☐ b) Es klingelt kurz vor dem Pausenbeginn.
   - ☐ c) Es klingelt morgens vor der Schule.

2. Wo befindet sich Tim?
   - ☐ a) Tim ist auf dem Weg zur Schule.
   - ☐ b) Tim ist noch zu Hause.
   - ☐ c) Tim ist in einer verlassenen Fabrikhalle.

3. Warum beendet Marc das merkwürdige Gespräch?
   - ☐ a) Er will nicht, dass Tims Handy-Karte leer wird.
   - ☐ b) Er hat keine Lust zum Telefonieren und will in die Pause gehen.
   - ☐ c) Er schämt sich für Tims Schulschwänzerei.

Wortschatz

Kreuze die richtige Antwort an.

1. Was ist eine „Tastatur"?
   - ☐ a) Dabei handelt es sich um ein Tasteninstrument.
   - ☐ b) Dabei handelt es sich um die Tasten einer Schreibmaschine oder eines Telefons/Handys.
   - ☐ c) Damit bezeichnet man die Bildschirme in modernen Autos.

2. Was bedeutet in oben genanntem Zusammenhang „Vermeidung als Handlungsform"?
   - ☐ a) Man drückt sich vor allem, was einem unangenehm erscheint.
   - ☐ b) Man vermeidet es, mit Klassenkameraden zu sprechen.
   - ☐ c) Man geht gerne in die Schule.

3. Was heißt „Schulabsentismus"?
   - ☐ a) Schulabsentismus bedeutet: „der Schule fernbleiben".
   - ☐ b) Schulabsentismus bedeutet: „im Unterricht nicht aufpassen".
   - ☐ c) Schulabsentismus ist ein Wort, das alkoholkranke Schüler bezeichnet.

Verständnis

Kreuze die richtige Antwort an.

1. Wie ist der Raum beschaffen, in dem Tim und Hairi sich aufhalten, und wo befindet er sich?
   - ☐ a) Es ist ein mit alten Möbeln eingerichteter Raum in einer verlassenen Fabrikhalle.
   - ☐ b) Es ist ein mit kaputten Möbeln versehener Raum in einem stillgelegten Bergwerk.
   - ☐ c) Der gemütlich mit alten Möbeln eingerichtete Raum befindet sich im Kellergeschoss eines unbewohnten Hauses.

2. Wie ist das merkwürdige Telefongespräch zustande gekommen?
   - ☐ a) Tim wollte sich in der Schule entschuldigen und vorgeben, dass er zum Arzt gegangen sei.
   - ☐ b) Tim wollte eigentlich seine Mutter sprechen, hatte sich aber verwählt.
   - ☐ c) Tim hat vermutlich mit seinem Handy gespielt und dabei versehentlich auf Tasten gedrückt, die ihn mit Marcs Handy verbanden.

3. Wie nennt man das Verhalten eines Schülers, der zwar in die Schule kommt, sich aber nicht am Unterricht beteiligt und oft „träumt“?
   - ☐ a) Schulschwänzen
   - ☐ b) Schulmüdigkeit
   - ☐ c) Schulverweigerung

Anwenden

Kreuze die richtige Antwort an.

1. Was bedeutet „Ausstiegsgefährdung“ bei schulmüden Schülern?
   - ☐ a) Beim Aussteigen aus dem Schulbus am Nachmittag sind die von der Schule müden Kinder unachtsam und deswegen im Straßenverkehr gefährdet.
   - ☐ b) So nennt man die Gefahr, dass schulmüde Kinder ganz aus der Schule „aussteigen“, also zu Schulschwänzern oder gar Schulverweigerern werden.
   - ☐ c) Wenn Kinder sich in einer Schule unwohl fühlen, besteht die Gefahr, dass sie diese Schule verlassen, also „aussteigen“ wollen, um in Zukunft eine andere Schule zu besuchen.

2. „Stetige Verfestigung von Vermeidung als Handlungsform“ bedeutet,
   - ☐ a) dass das Schulschwänzen immer häufiger als Möglichkeit angesehen wird, der Schule zu entgehen.
   - ☐ b) dass immer mehr Schüler zu Schulschwänzern werden.
   - ☐ c) dass die Freude an der Schule ständig abnimmt.

3. Was ist „Intervallschwänzen“?
   - ☐ a) Darunter ist zu verstehen, dass Kinder lieber zu Hause im Internet surfen als in die Schule zu gehen.
   - ☐ b) Darunter ist zu verstehen, dass Kinder sich lieber auf dem Schulhof „herumdrücken“, als zu einem bestimmten Lehrer oder einer bestimmten Lehrerin in den Unterricht zu gehen.
   - ☐ c) Darunter versteht man das Schulschwänzen in regelmäßigen Abständen.

Problemstellung

Überlege, welche Gründe einen Schüler zum Schulschwänzen bringen können.

____

____

____

____

Vorschläge

Was könnte man tun, um Schulverweigerer zu einem Wiedereinstieg in die Schule zu bewegen?

Eigene Meinung

Wie würdest du deinen Klassenkameraden davon überzeugen, dass sein Schulschwänzen unklug ist?

Lösungen

Thema 1: Waschen – nur was für Haushaltsprofis?

Infos sammeln: 1a, 2c, 3a
Wortschatz: 1c, 2a, 3c
Verständnis: 1bc, 2ac, 3b
Anwenden: 1b, 2a, 3ac

Problemstellung:
- bei höchstens 40 Grad waschen
- bei mittlerer Hitze bügeln
- nicht mit Chlor bleichen
- nicht im Trockner trocknen

Vorschläge:
- Belastung der Umwelt durch Verwendung giftiger Waschmittel in der Reinigung
- hohe Kosten durch Reinigung
- Anziehen der Hose vermeiden, Angst vor Beschmutzung
- aber: sorgsamere Behandlung des Kleidungsstückes, um Reinigung zu vermeiden

Eigene Meinung:
- Entlastung bei der Hausarbeit durch Kauf bügelfreier oder einfach zu waschender Kleidung
- Rückschlüsse auf hautverträgliche Materialien möglich
- Sparen von Ausgaben für Reinigung etc. im Vorfeld

Thema 2: Schwarzfahren – ein Kavaliersdelikt?

Infos sammeln: 1ab, 2c, 3ab
Wortschatz: 1c, 2b, 3a
Verständnis: 1b, 2c, 3b
Anwenden: 1c, 2ac, 3b

Problemstellung:
- Schaffnerin glaubt, dass Jasmin dreist schwarzfährt
- Schaffnerin lässt nicht mit sich reden, sich nicht umstimmen
- Schaffnerin schickt junges Mädchen allein im Dunkeln auf einen einsamen Bahnhof
- Jasmin hätte sorgfältiger einpacken und sich vergewissern sollen, den Fahrschein dabei zu haben

Vorschläge:
- Einsetzen von mehr Kontrolleuren
- Einführung von besserer elektronischer Überwachung, z. B. Einführung von Drehkreuzen
- Erhöhen von Strafen, vor allem für Wiederholungstäter
- Heranziehen der Straftäter zu gemeinnütziger Arbeit

Eigene Meinung:
- Jasmin und die Schaffnerin hätten sich gegenseitig zuhören und miteinander sprechen sollen.
- Die Schaffnerin hätte ein Auge zudrücken und Jasmin als Begleitperson des Mannes akzeptieren können.
- Jasmin sollte lernen, selbstbewusster aufzutreten.
- Die Schaffnerin sollte mit einem positiveren Menschenbild ihre Arbeit verrichten.

Thema 3: Tokio Hotel – coole Rocker oder peinliche Kinderstars?

Infos sammeln: 1b, 2b, 3b
Wortschatz: 1c, 2b, 3a
Verständnis: 1c, 2a, 3b
Anwenden: 1c, 2a, 3bc

Problemstellung:
- verkörpern gleichzeitig Jugend und Lebenserfahrung
- Lieder aufgrund deutscher Texte gut verständlich
- Lieder eignen sich gut zum Mitsingen

Vorschläge:
- Aussehen zu auffällig
- zu jung
- singen von Problemen, die sie aufgrund ihres Alters selbst noch nicht verstehen können
- Ablehnung deutscher Texte
- zu extravagantes Auftreten in der Öffentlichkeit (v. a. von Tom)

Eigene Meinung:
Ja, denn:
- erfolgreiche deutsche Band
- Texte ergeben Sinn
- Lieder animieren zum Mitsingen
- großer Wiedererkennungswert
- auch Jugendliche können sehr erfolgreich sein

Nein, denn:
- Singen von Problemen Erwachsener
- peinliche Erscheinung, Kinderstars
- berühmt geworden nur mithilfe guter Produzenten, nicht aus eigenem Können heraus

Thema 4: Rosen riechen gut – aber schmecken sie auch?

Infos sammeln: 1c, 2a, 3b
Wortschatz: 1a, 2c, 3b
Verständnis: 1b, 2ab, 3ab
Anwenden: 1bc, 2ab, 3b

Problemstellung:
- Naturprodukte sind sehr gesund und enthalten Vitamine.
- Naturprodukte werden produziert, ohne die Umwelt zu belasten.
- Naturprodukte schmecken intensiver.

Vorschläge:
Individuelle Lösungen, aber beachten:
- etwas, das nicht sofort verzehrt werden muss
- etwas, das haltbar ist
- etwas, das nicht jeder Stand verkauft

Eigene Meinung:
Vorteile:
- gesund
- erhält die Natur
- schmeckt gut

Nachteile:
- höhere Produktionskosten
- geringerer Ertrag

Thema 5: Wenn Essen zur Qual wird: Magersucht

Infos sammeln: 1b, 2c, 3c
Wortschatz: 1a, 2b, 3c
Verständnis: 1a, 2c, 3b
Anwenden: 1bc, 2a, 3c

Problemstellung:
- vermeidet das Essen in der Öffentlichkeit
- hält sich für zu dick
- redet nur noch vom Essen
- versucht, die Figur unter weiter Kleidung zu verstecken

Vorschläge:
- Werbung nicht zum Vorbild nehmen, dem darin gezeigten Schönheitsideal nicht nacheifern
- an die Werbebranche: normale Menschen als Werbebotschafter zeigen
- im Hauswirtschaftsunterricht Zusammenhang zwischen gesundem Essen, Gesundheit und Schönheit herausstellen

Eigene Meinung:
- sie/ihn direkt ansprechen
- sagen, dass man in Sorge um Freundin/Freund ist
- Hilfsangebote wahrnehmen, zur Beratungsstelle mitgehen
- Hilfe bei Vertrauenslehrer suchen
- evtl. Hilfe bei Jugend-/Mädchenberatungsstellen suchen

Thema 6: Mein Nachbar, ein Dieb? – Das kann nicht sein!

Infos sammeln: 1b, 2a, 3c
Wortschatz: 1b, 2a, 3c
Verständnis: 1b, 2c, 3b
Anwenden: 1c, 2b, 3c

Problemstellung:
- Nähe zur Natur und zu den Tieren
- Verdienen von Geld durch Zucht und Verkauf der Tiere und deren Wolle
- Betreiben einer ökologischen Landwirtschaft
- Leben als „Aussteiger" führen
- Nutzen von großer Landfläche

Vorschläge:
- zum Nachbarn gehen und ihn zu einer Selbstanzeige überreden (Achtung: evtl. gefährlich)
- ist er uneinsichtig: Anzeige bei der Polizei

Eigene Meinung:
In bestimmten Fällen sollte man Freunde nicht schützen:
- wenn sie sich und/oder andere gefährden
- wenn sie illegale Aktionen vorhaben
- aber: meist sinnvoll, erst selbst mit dem Freund sprechen, schafft Vertrauen und führt evtl. zu Einsicht

Thema 7: Saufen bis der Arzt kommt!

Infos sammeln: 1b, 2a, 3c
Wortschatz: 1a, 2a, 3c
Verständnis: 1ac, 2ac, 3a
Anwenden: 1a, 2c, 3ab

Problemstellung:
- enthemmende Wirkung des Alkohols: sich locker und cool fühlen
- süßer und leckerer Geschmack von Alkopops
- Gruppenzwang, „Mithalten-wollen“

Vorschläge:
wenig sinnvoll, denn:
- keiner fragt nach Ausweis
- Verbote reizen dazu, sie zu übertreten
- Erwachsene geben durch ihren Alkoholkonsum schlechtes Beispiel

Eigene Meinung:
sehr verbreitete Ansicht, aber: dumme Meinung, denn:
- ungesund und gefährlich
- sich übergeben, lallen, stolpern etc. hat eine abstoßende Wirkung
- man sollte so selbstbewusst sein, dass man selbst entscheiden kann, was man mitmachen möchte und was nicht

Thema 8: Tierliebhaberei oder Quälerei? – Haltung exotischer Tiere

Infos sammeln: 1c, 2b, 3a
Wortschatz: 1b, 2a, 3c
Verständnis: 1b, 2b, 3ab
Anwenden: 1bc, 2b, 3c

Problemstellung:
- richtet sich an jeden Einzelnen
- Aufforderung: Tiere nicht quälen oder vernachlässigen
- Tiere artgerecht halten und sich um sie kümmern
- wenn Tiere gequält werden: Anzeige bei Polizei oder Tierschutzverein

Vorschläge:
- Schicken unabhängiger Beobachter zu unangekündigten Besuchen
- regelmäßige, verpflichtende Tierarztbesuche

Eigene Meinung:
ja, denn:
- Qual für den Vogel, auf so beengtem Raum zu leben
- Papagei steht unter Artenschutz, sollte also in freier Wildbahn leben dürfen und sich vermehren
- egoistischen Motiven der Tierhalter entgegenwirken

nein, denn:
- viele Menschen halten Papageien artgerecht

Thema 9: Fundsache abzugeben – oder lieber doch behalten?

Infos sammeln: 1a, 2c, 3a
Wortschatz: 1c, 2b, 3c
Verständnis: 1b, 2c, 3a
Anwenden: 1b, 2b, 3a

Problemstellung:
einerseits verständlich, da Börse sehr viel Geld enthält, aber:
- moralisch falsch, das Geld gehört Patrick und Julian nicht
- sollten schlechtes Gewissen haben
- Eigentümer könnte Geld dringend brauchen
- „finden“ bedeutet nicht „rechtmäßig erwerben“

Vorschläge:
- Arne spürt instinktiv: Freunde handeln falsch
- hätte er Börse allein gefunden, hätte er sie im Fundbüro abgegeben
- handelt unter Gruppenzwang, hat schlechtes Gewissen

Eigene Meinung:
- bei niedrigen Beträgen sehr wenig: zwei Euro Finderlohn bei 20 € ist zu wenig: niemand macht sich Mühe und geht dafür zu Fundbüro
- bei hohen Beträgen in Ordnung

Thema 10: Japans Superhelden in Europa: Manga-Boom in Deutschland

Infos sammeln: 1b, 2a, 3c
Wortschatz: 1a, 2c, 3b
Verständnis: 1c, 2a, 3c
Anwenden: 1a, 2ab, 3ac

Problemstellung:
ja, könnte zutreffen:
- Bilder lassen keinen Spielraum für eigene Vorstellungen
- fördert Konsumhaltung
- macht lesefaul

nein, trifft nicht zu, denn:
- fördert Lust auf Bücher im Allgemeinen
- auch bei Mangas ist Text dabei

Vorschläge:
- Erschaffung einer Welt, die so nicht existiert
- Projektion von Wunschvorstellungen auf Figuren: Stärke, Zauberkraft, Wunderwelt
- Eintauchen in fremdartige Welt, Vergessen der realen Welt, Ablenkung

Eigene Meinung:
- neuer, unbekannter Comicstil
- Kampf schwach gegen stark endet häufig zugunsten der Schwächeren
- durch Zeigen von Gewaltszenen: Ausleben von Fantasien
- Fantasiewesen, -welt: Eintauchen in ganz unbekannte Welt, kurzes Vergessen der Realität
- Mangas wurden auch durch die Serien im Fernsehen bekannt.

Thema 11: Rauchen ist cool – und verdammt tödlich!

Infos sammeln: 1b, 2a, 3c
Wortschatz: 1c, 2b, 3c
Verständnis: 1bc, 2a, 3bc
Anwenden: 1ac, 2abc, 3b

Problemstellung:
- sich nicht selbst eingestehen müssen, dass man süchtig ist
- Unfähigkeit, die Sucht zu besiegen, deshalb: Verharmlosung
- Wissen um Gesundheitsschädigung durch Verharmlosung verdrängen
- durch Verharmlosung Rauchverboten entgegenwirken

Vorschläge:
- Aufklärungsfilme in Schulen zeigen
- Besuche in Krankenhäusern, Zeigen von Raucherbeinen, -lungen etc.
- Statistik von „Todesopfer durch Rauchen" zeigen
- mit Rauchern Sport treiben: meist schnelle Erschöpfung und Atemnot

Eigene Meinung:
- mit ihm/ihr in die Apotheke gehen und Nikotinpflaster etc. kaufen
- Ablenkung des Freundes durch gemeinsame Aktionen
- gemeinsam Sport treiben
- jederzeit gesprächsbereit sein
- immer wieder Bestärkung
- Belohnung für jeden Tag Zigaretten-Abstinenz

Thema 12: Ladendiebstahl – nur die Doofen lassen sich dabei erwischen!

Infos sammeln: 1b, 2c, 3a
Wortschatz: 1b, 2c, 3a
Verständnis: 1c, 2b, 3ac
Anwenden: 1b, 2ac, 3ab

Problemstellung:
- Mutprobe
- Beweis: schneller, schlauer als die Polizei/Kaufhausdetektive
- Ausprobieren, wie weit man gehen kann
- sich selbst überwinden, eine Straftat zu begehen
- Beginn mit kleinen Diebstählen, Kick wächst mit Wert der gestohlenen Sachen

Vorschläge:
- bessere Überwachung
- härtere Bestrafung: erwischten Dieb zur Strafe unentgeltlich im Geschäft arbeiten lassen
- Schaden für Geschäft und letztendlich die Allgemeinheit (höhere Preise) bewusst machen
- aber: insgesamt schwieriges Unterfangen

Eigene Meinung:
würde diese Aussage gelten:
- Schädigung eines jeden durch alle
- kein Vertrauen mehr in Freunde, Bekannte etc., da jeder potentieller Dieb
- Konsequenz: Überwachungsstaat

keine Gültigkeit dieser Aussage, denn
- normalerweise: schlechtes Gewissen
- Unrechtsbewusstsein in fast allen Menschen verankert

Thema 13: Eine Bahnfahrt, die ist lustig, eine Bahnfahrt, die ist schön – oder?

Infos sammeln: 1c, 2b, 3a
Wortschatz: 1c, 2a, 3b
Verständnis: 1b, 2b, 3b
Anwenden: 1abc, 2b, 3a

Problemstellung:
- sich im Vorfeld über Abfahrtszeiten informieren
- Tafel mit Abfahrtszeiten genau durchlesen, verstehen, dass Bus wochentags andere Fahrzeiten hat, als am Wochenende

Vorschläge:
- mit Fahrrad
- nur mit Zug
- per Anhalter, aber Vorsicht: nicht bei Fremden einsteigen
- Eltern von auch eingeladenen Freunden bitten, ihn mitzunehmen

Eigene Meinung:
- Fahrplanlesen wichtige Fertigkeit, um von Eltern und Auto unabhängig zu sein
- sonst: erst mit Erwerb des Führerscheins von Fahrdiensten der Eltern unabhängig

Thema 14: Kein Bock auf Schule – keine Zukunftsperspektive

Infos sammeln: 1b, 2c, 3a
Wortschatz: 1b, 2a, 3a
Verständnis: 1a, 2c, 3b
Anwenden: 1b, 2a, 3c

Problemstellung:
- Langeweile, Interesselosigkeit
- Überforderung, Angst vor Versagen
- Lustlosigkeit
- Perspektivlosigkeit
- Alkohol- und Drogenprobleme

Vorschläge:
- vor Augen führen: nur so Möglichkeit, Lehrstelle zu bekommen
- Lehrer soll interessanten Unterricht gestalten, Schüler in eigenverantwortliche Projekte einbinden
- Schulverweigerern ihren festen Platz in Schulgemeinschaft bewusst machen
- von harter Bestrafung für das Schwänzen absehen
- praktische Verknüpfung von Schule und Arbeitswelt herstellen
- mit den Eltern sprechen
- aber: insgesamt schwieriges Unterfangen

Eigene Meinung:
- Konsequenzen vor Augen führen: kein Abschluss heißt keine Lehrstelle
- Schule als kostenlose Bildungsstätte begreifen
- mit gemeinsamem Spaß in der Pause oder z. B. im Sportunterricht locken